AF589881

MANUEL PRATIQUE ET INDUSTRIEL

DES

CONSERVES ALIMENTAIRES

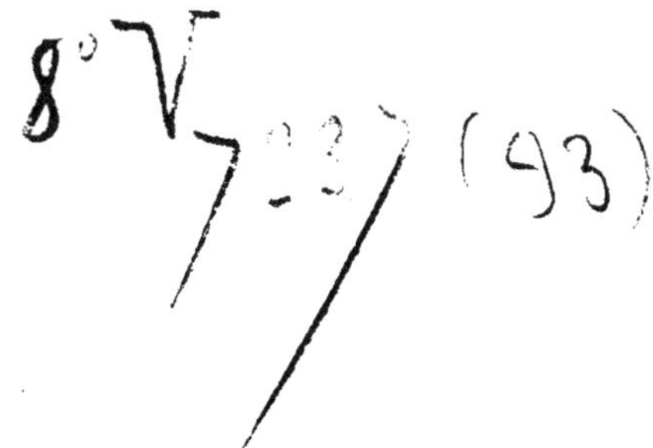

VUE D'UNE FABRIQUE DE CONSERVES ALIMENTAIRES

BIBLIOTHÈQUE DES ACTUALITÉS INDUSTRIELLES. N° 93

MANUEL PRATIQUE ET INDUSTRIEL

DES

CONSERVES ALIMENTAIRES

LÉGUMES, FRUITS, VIANDES ET POISSONS

PAR

Raphaël de NOTER

PARIS
LIBRAIRIE BERNARD TIGNOL
PUBLICATIONS DE LA
Librairie de l'École Centrale des Arts et Manufactures
53 *bis*, QUAI DES GRANDS-AUGUSTINS, 53 *bis*

MANUEL PRATIQUE ET INDUSTRIEL

DES

CONSERVES ALIMENTAIRES

PREMIÈRE PARTIE

LES OUTILS DU FABRICANT DE CONSERVES

Depuis Appert et P. Faucheux et surtout dans ces dix dernières années, l'industrie des conserves alimentaires a fait de tels progrès, que les industriels sont aujourd'hui dans l'obligation absolue de se tenir au courant des nouveautés et de s'outiller en conséquence. Nous allons donc passer successivement en revue toutes les machines dues au génie inventif de nos ingénieurs français, qui sont très certainement à la tête de ce grand mouvement industriel.

Honneur à ces hommes d'initiative, qui ont compris que la conserve alimentaire deviendrait, dans un avenir prochain, le complément obligé de toutes les tables.

LE LABORATOIRE

Pour être complet aujourd'hui, un laboratoire doit être pourvu des appareils suivants :

Autoclave fixe basculant ou horizontal ; des bassines, des chaudières de cuisson, une armoire à conserves, un séchoir, des appareils de levage, des filtres, des grils, des écumoires, des machines à peler, à zester, à écosser les petits pois, à hacher, à julienne, à macédoine, à boucher des flacons ; des rafraîchissoirs, etc., etc.

Nous allons tous les décrire, en indiquant l'emploi respectif de chacun d'eux.

AUTOCLAVES

Il y en a de plusieurs sortes, tous basés sur les mêmes principes.

La chaudière autoclave à feu nu permet un travail très rapide et très complet, bien supérieur à celui de la marmite ordinaire à bain-marie. Cette chaudière consiste en un cylindre de tôle très forte, à laquelle le couvercle mobile est fixé par de solides boulons à serrage rapide. L'autoclave porte une soupape de sûreté placée sur le couvercle, un robinet de vidange, un robinet d'échappement et un manomètre spécial, appelé *thermomanomètre*, qui indique régulièrement la température de l'eau en ébullition, correspondant à une pression déterminée.

La figure 1 représente l'ensemble d'un autoclave à feu nu, *muni d'un appareil de levage pour le panier*. Cet appareil de levage consiste en une potence tournante très rigide, fixée sur le fourneau même de la chaudière.

Fig. 1. — Vue de l'autoclave à feu nu avec appareil pour le levage du panier.

Le panier est soulevé par un palan différentiel spécial, à mouvement très doux.

Les boîtes ou flacons, contenant la matière à conserver (*viandes, fruits, légumes, sirops*), sont placés dans un panier en fer, que l'on introduit, au moyen de l'ap-

Fig. 2. — Autoclave à feu nu pour restaurants, hôtels, châteaux, etc.

pareil de levage, dans l'autoclave, suffisamment rempli d'eau pour que tous les récipients soient parfaitement immergés. Le couvercle mis en place et boulonné, cette eau est portée à l'ébullition et, la soupape étant réglée à une pression de 1 kilogr. indiquée par le thermomanomètre, les boites ou flacons soumis à une température de 100 à 120 degrés, qui correspond à 1 kilogr. de pression dans l'autoclave. Les autoclaves se fabriquent de différentes grandeurs : de 50 à 300 litres ; il en existe un pour châteaux et hôtels (fig. 2) très pratique et d'un maniement aussi aisé que le précédent.

Fig. 3. — Autoclave à conserves à vapeur, à couvercle articulé, avec un demi-panier.

L'autoclave à vapeur à couvercle articulé (fig. 3) diffère du précédent en ce qu'il est chauffé par un puissant serpentin placé dans le fond. Il comporte les mêmes accessoires et son fonctionnement est le même, mais il présente l'avantage d'être beaucoup plus rapide et plus économique.

La manœuvre du couvercle se fait très facilement, sans aucun danger, grâce à son système d'articulation : il suffit de mettre le pied sur la pédale P et de pousser en arrière en saisissant les deux poignées D et E, et le couvercle vient se placer verticalement derrière l'appareil.

Si au contraire on veut le fermer, on appuie de même sur la pédale, en ramenant les poignées en avant. La manœuvre se fait ainsi sans effort, avec toute la sécurité possible et une grande économie de temps.

La fabrication des conserves pour l'armée et la marine a conduit à l'adoption d'un type nouveau de chaudière de cuisson dite « *chaudière mixte* » qui sert de marmite pour cuire les viandes ou d'autoclave pour la stérilisation des boîtes, et dans laquelle la viande peut être cuite comme en vase clos.

La viande est placée dans des paniers spéciaux, qui permettent de l'enlever sans difficulté.

Le bouillon est recueilli à la fin de l'opération par un robinet placé sur le côté de l'appareil.

Le couvercle, muni d'un système d'articulation, est fermé hermétiquement permettant d'établir une pression de 1 kilogr. dans l'appareil, qui peut servir de monte-jus pour remonter sous pression le bouillon chaud.

La très faible hauteur, au-dessus du sol, de *la chaudière mixte* (fig. 4), facilite la manœuvre du panier tout en la rendant plus rapide et moins fatigante. Comme autoclave, cet appareil ne le cède en rien aux précédents et, par *sa hauteur extrêmement réduite*, leur est même supérieur.

L'autoclave à vapeur, horizontal, est avantageux pour les établissements importants ; il évite d'avoir à soulever les paniers et, en facilitant l'introduction dans

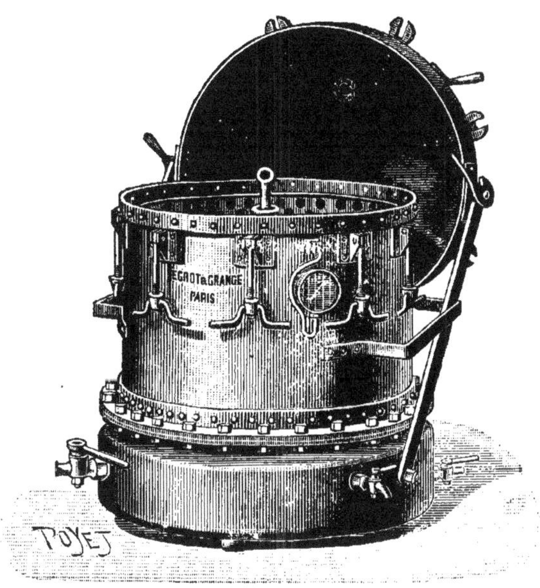

Fig. 4. — Chaudière mixte servant de chaudière de cuisson et d'autoclave.

l'autoclave des wagonnets qui transportent les boîtes, permet de se servir de ces wagonnets comme de paniers en tôle.

La figure 5 démontre clairement que ce système d'autoclave présente une grande facilité d'ouverture du couvercle, qui se déplace sur le côté en roulant sur un rail fixé au-dessus de l'appareil. — Les rails montés à charnières se replient sur eux-mêmes pour laisser passer le couvercle.

Le chauffage des boîtes est obtenu par la vapeur même, qui est injectée dans l'intérieur de l'autoclave; on laisse échapper cette vapeur au dehors, lorsque la cuisson est terminée.

Fig. 5. — Autoclave horizontal à vapeur directe.

L'autoclave à vapeur horizontal à serpentin (fig. 6.) diffère du précédent, par le mode de chauffage. Les boîtes ou flacons de conserves sont plongés dans l'eau élevée à la température voulue, par l'intermédiaire d'un serpentin chauffé à la vapeur.

Afin de gagner du temps et économiser la chaleur de l'eau, on utilise pour chaque opération la même masse

Fig. 6. — Autoclave horizontal, à vapeur (modèle à serpentin), pendant l'introduction des boîtes.

d'eau ; le réservoir placé sur l'autoclave est destiné à recevoir cette eau, qui y est élevée, lorsque l'opération est terminée, par la pression existant dans l'appareil.

Pour l'opération suivante on laisse simplement couler l'eau bouillante du réservoir dans l'autoclave.

Cet appareil est, certes, plus coûteux que le précédent,

Fig. 6 *bis*. — Autoclave à feu nu monté dans un fourneau en tôle, avec une garniture réfractaire et pourvu d'un appareil de levage n° 3 (Système Fouché).

mais il permet d'obtenir des résultats plus certains et d'une façon plus économique.

Enfin, cet autoclave est employé avec succès comme étuve pour le séchage.

7. — Groupe d'une marmite à bouillon et d'une marmite à pommes de terre et herbes, munies des appareils de basculement hydrauliques.

LES MARMITES A VAPEUR

Les marmites à vapeur, système Egrot, sont employées avec succès dans la fabrication des conserves de viandes de gibier, etc. Elles sont en fonte, entourées (à volonté) d'une enveloppe de tôle qui les préserve contre les refroidissements. La construction de ces marmites les rend inexplosibles, tout en assurant un chauffage intense grâce auquel elles sont propres *à la cuisson des rôtis.*

Elles sont mobiles, autour d'un axe horizontal, et munies d'un mécanisme à basculement qui permet de les incliner et de les maintenir dans la position que l'on désire.

On en fabrique plusieurs types spéciaux :

1° *Marmites profondes* (fig. 7), pour fabriquer les bouillons et cuire les légumes, etc. ;

2° *Marmites plates* (fig. 8), poleurs rôtis, les braisés, etc. ;

3° *Marmites mixtes* ou *demi-profondes* (fig. 9), pour ragoûts et autres usages, qui sont munies du levier-verrou ;

4° *Marmites à vapeur directe* ou *à l'étouffée*, du même genre que la figure 7.

L'économie de combustible, résultant de la centralisation de tous les foyers en un seul, varie de 40 à 50 p. 100, suivant l'importance de leur application ; les frais d'entretien sont beaucoup moindres, et la première dépense est vite remboursée par les économies réalisées ; il faut, enfin, un personnel moins nombreux qui, du reste, n'a plus à souffrir du rayonnement intolérable des fourneaux.

Et, chose à considérer, un enfant peut manipuler sans

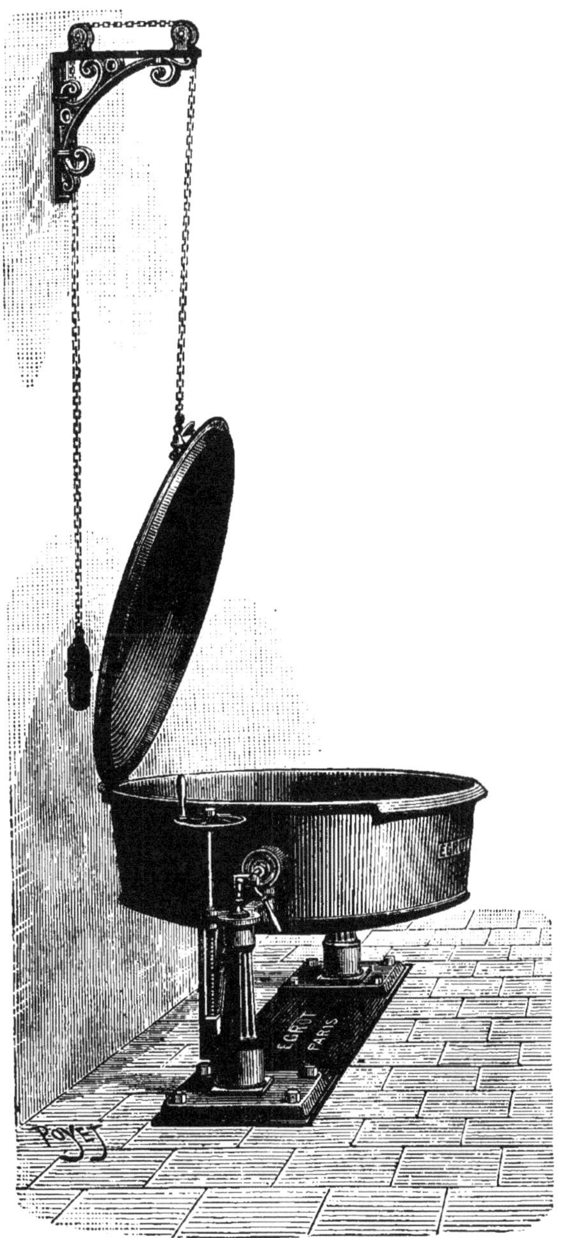

Fig. 8. — Marmite à vapeur, plate, pour rôtis et fritures, munie du basculeur de sûreté à vis.

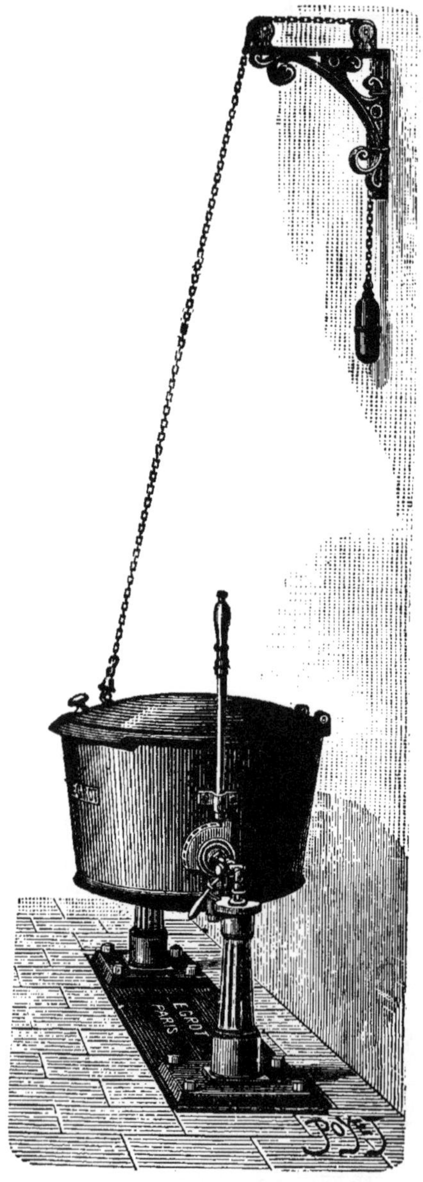

Fig. 9. — Marmite mixte ou à ragoûts, munie du levier verrou.

peine et sans danger des marmites contenant 1,000 à

Fig. 10 — Vue d'ensemble d'une chaudière de cuisson à vapeur fixe, pour conserves de viande, munie de son panier de fer et de son appareil de levage.

1,200 litres, grâce aux appareils de basculement dont elles sont munies.

LA CHAUDIÈRE A CUISSON FIXE

Cette chaudière sert pour la cuisson en grand des viandes, têtes, tripes, abats, pour certains légumes et pour la fabrication du bouillon.

Elle est entièrement construite en tôle (fig. 10) très forte. Elle est munie de robinets d'arrivée et de retour à vapeur, d'un robinet d'air et d'un robinet de vidange pour le bouillon.

Les matières à cuire sont placées dans un panier de fer très fort, que l'on introduit lui-même dans la chaudière, au moyen du palan.

Pour les très grandes productions, cette chaudière est munie d'un agitateur mécanique spécial placé dans le panier, et qui manipule sans cesse les matières pendant la cuisson. Il en résulte une plus grande régularité dans le travail et une notable économie de temps.

BASSINE POUR FRIRE LES SARDINES

La bassine spéciale à feu nu, que l'on emploie aujourd'hui un peu partout, pour la friture des sardines et des poissons en général, est encore une invention due au génie de deux inventeurs français, MM. Egrot et Grangé, auxquels l'industrie des conserves doit de si précieux instruments de travail (fig. 11).

Avec ces bassines plus d'aléas, plus de perte de temps et surtout plus de perte d'huile; en effet, grâce à d'ingénieux dispositifs, les bassines spéciales à feu nu et multitubulaires sont construites de telle sorte qu'elles assurent la parfaite conservation de l'huile et la bonne qualité du travail.

. 11. — Bassine spéciale à feu nu pour la friture des sardines et des poissons.

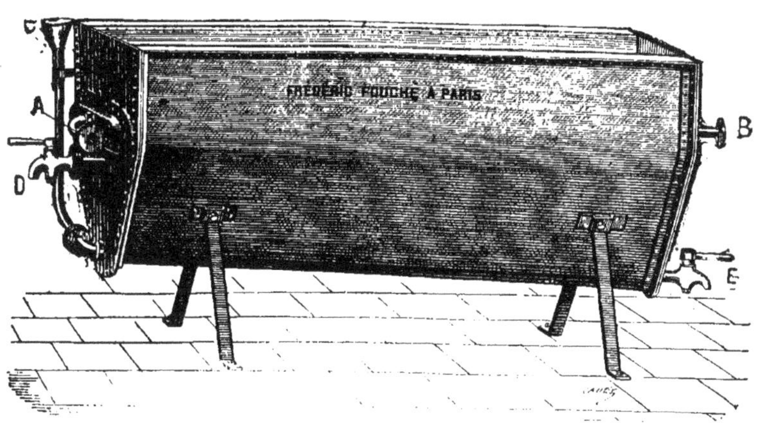

Fig. 12. — Bassine multitubulaire (profil), pour frire les sardines à l'huile.

BASSINE MULTITUBULAIRE A VAPEUR

(fig. 12 et 13).

Cette bassine fonctionne depuis vingt ans et plus dans de nombreuses usines, où elle a apporté un très

Fig. 13. — Bassine multitubulaire pour faire les sardines à l'huile.

grand perfectionnement à la fabrication des sardines, cette conserve de premier ordre, qu'il n'est possible de se procurer qu'en France, dans des conditions exceptionnelles de qualité et de bon goût.

Cette bassine est d'un nettoyage facile et la dépense en huile est peu considérable. C'est, en somme, un per-

Fig. 14. — Bassine à vapeur basculante. *Forme plate. — Levier verrou. Sans enveloppe.*

fectionnement considérable de l'ancien système de la maison Fouché, dit *bassine à serpentin.*

Le chauffage est d'une régularité si parfaite, qu'on n'éprouve aucune difficulté à le diriger.

Pour le nettoyage, il ne faut démonter aucune des

parties de l'appareil, ce qui simplifie la main-d'œuvre ; on peut se rendre compte de cette facilité en jetant un coup d'œil sur les deux figures.

BASSINES BASCULANTES POUR FRUITS, LÉGUMES, etc.

Ces bassines se font de plusieurs formes :

Profondes, demi-profondes et *plates.*

Elles servent à des usages multiples et sont faciles à manipuler, grâce au système de basculement dont elles sont munies ; système simple et pratique qui permet de renverser, sans danger, la bassine d'une seule main et de l'arrêter dans une position quelconque.

Les robinets de vapeur et de retour dont elles sont pourvues sont d'un fonctionnement très doux et ne fuient pas (fig. 14 et 15).

La bassine à blanchir à vapeur, chauffée par un double fond disposé de façon à diminuer autant que possible la hauteur de la bassine au-dessus du sol, est très ingénieuse (fig. 16).

On y traite généralement tous les légumes, les champignons, les truffes, etc.

La bassine à vapeur fixe (fig. 17) est particulièrement employée pour la fabrication des sirops ; elle est chauffée par le double fond, et *les sirops n'y roussissent jamais.*

Les bassines dites à **évaporation** (fig. 18) sont très pratiques pour la cuisson des confitures, en ce sens qu'elles sont pourvues d'un agitateur qui, remuant sans cesse la masse, leur donne une homogénéité inconnue avec les bassines qui n'en sont pas munies.

La figure 19 donne une idée exacte de la disposition extérieure d'une fabrique de confitures pourvue d'appareils basculants ; les bassines sont placées de telle sorte que, chauffées à la vapeur, les confitures se cuisent toutes seules. Il suffit d'un seul homme pour faire mar-

Fig. 15. — Bassine à vapeur basculante, *Forme profonde. — Basculeur de sécurité à vis. Enveloppe isolante.*

cher une usine de moyenne grandeur, où l'on ne s'occupe que de cette fabrication.

Un autre appareil, connu sous le nom d'*appareil à cuire dans le vide* (fig. 20), système Egrot et Grangé, sert à travailler à basse température et sans être obligé de les colorer, les *confitures, fruits, sirops,* etc.

Fig. 16. — Bassine à blanchir à vapeur.

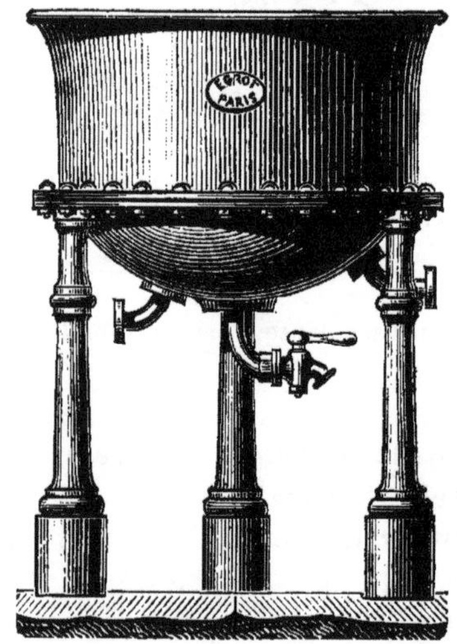

Fig. 17. — Bassine à vapeur fixe, montée sur pieds en fonte.

Grâce au dispositif de cette bassine, les sirops restent parfaitement blancs; d'autre part, au lieu de sucre raffiné on peut employer du sucre brut, dont la légère colo

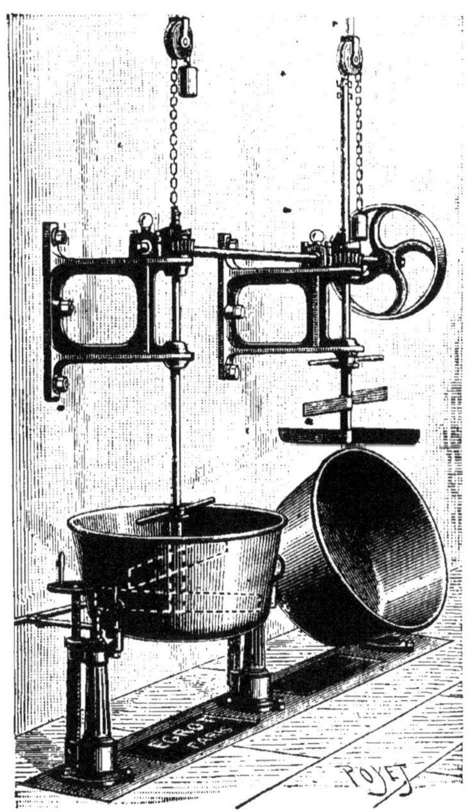

Fig. 18. — Bassines pour évaporation et pour cuire les confitures, tomates, etc.

ration n'a pas d'importance puisqu'elle ne s'accentue pas pendant la cuisson; il en résulte naturellement une très grande économie sur la matière première.

Fig. 19. — Vue d'une fabrique de confitures.

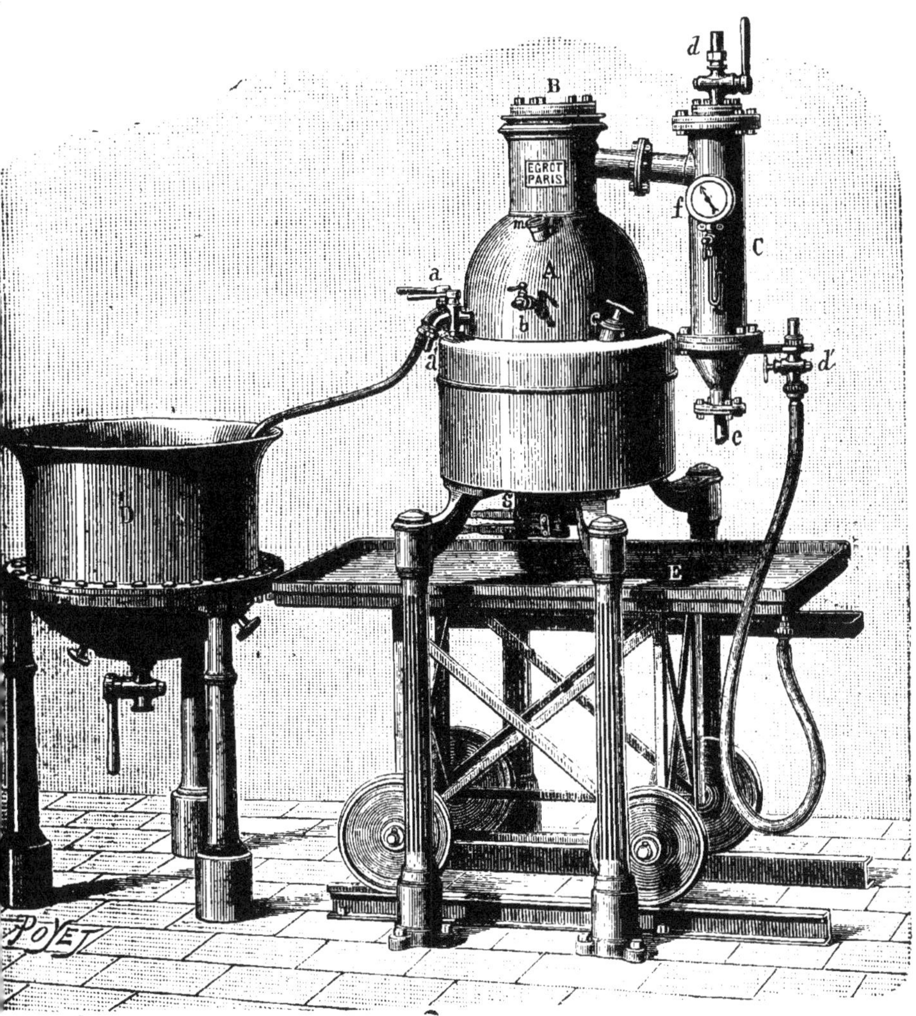

Fig. 20. — Appareil à vide pour cuire le sucre.

APPAREIL A CUIRE ET A CONCENTRER DANS LE VIDE (fig. 21.)

Comme le précédent, c'est l'outil de l'avenir, car il n'est plus avec lui besoin de craindre le brûlage ou la

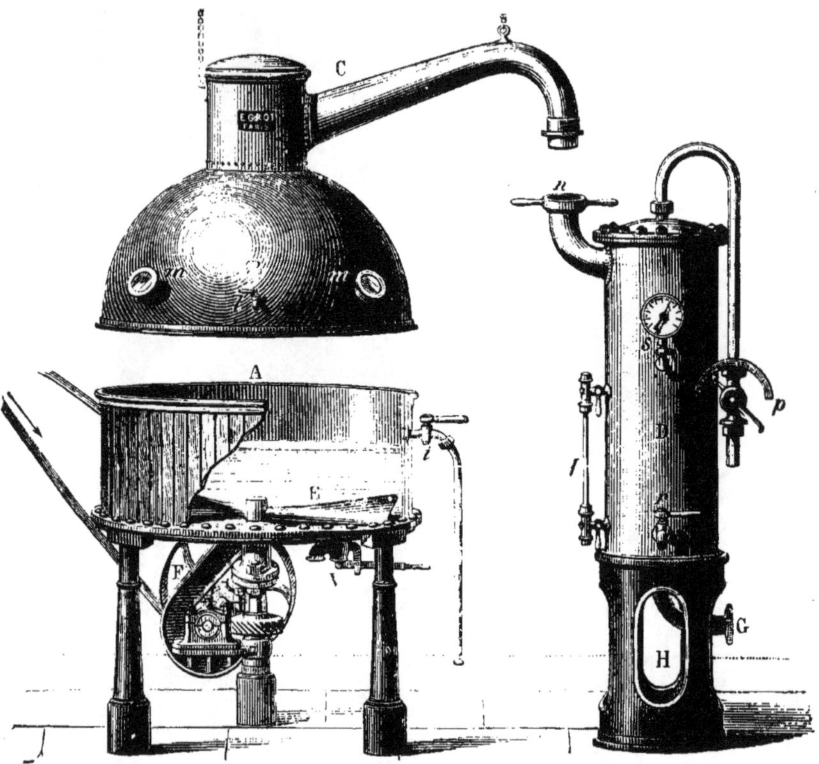

Fig. 21. — Appareil à vide fixe à fond plat, avec coupole mobile et agitateur pour confitures, sirops, tomates, etc.

coloration des sirops. Il est construit tout en bronze, et *le fond absolument plat* de cet appareil en rend l'application utile et pratique pour la fabrication des sirops, confitures, marmelades, cuissons de tomates, etc., etc.

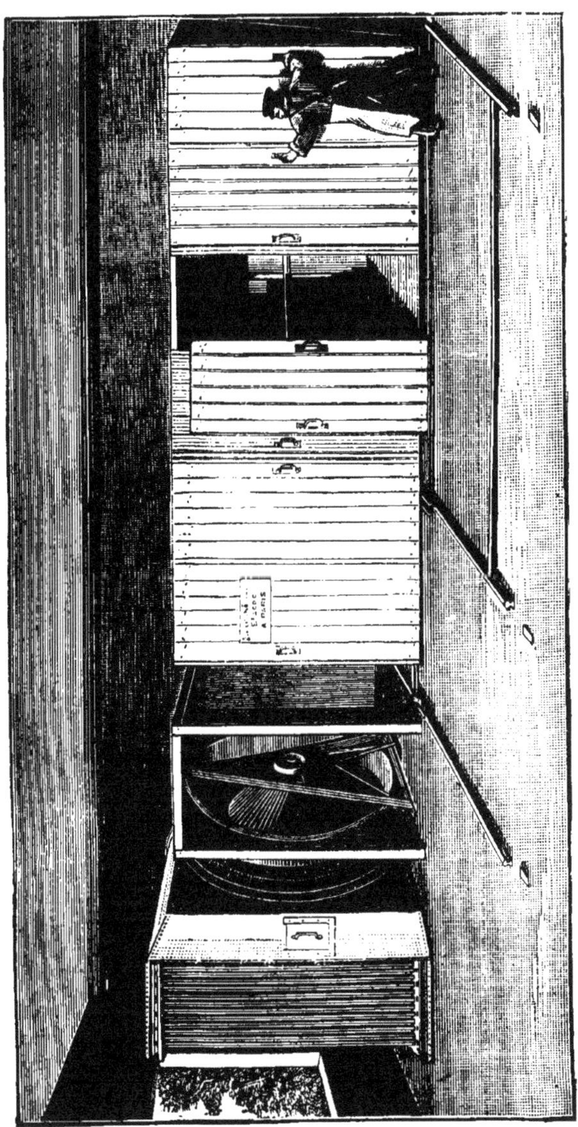

Fig. 22. — Séchoir méthodique à chariot.

La disposition de l'agitateur est telle, qu'aucune entrée d'air n'est à craindre, et les palettes intérieures, recouvertes de même métal que les parois intérieures de l'évaporateur, empêchent tout dépôt de la matière sur le fond chauffé et renouvellent sans cesse les surfaces en contact, augmentant ainsi considérablement l'évaporation.

Le mécanisme de l'agitateur est robuste et silencieux.

La *coupole mobile* fait joint par la pression atmosphérique et s'équilibre par des contre-poids qui rendent sa manœuvre simple et facile.

Le nettoyage de l'appareil et en particulier celui de l'agitateur se trouvent très simplifiés, toutes les parties en étant en vue et accessibles quand la coupole est soulevée.

SÉCHOIR MÉTHODIQUE A CHARIOT

Ce séchoir (fig. 22), dû à l'ingénieur F. Fouché, est basé sur l'emploi de l'*aéro-condenseur* dont les avantages sont d'une importance capitale.

Le séchage opéré est obtenu par un renouvellement d'air très actif et à température modérée, qui donne des résultats identiques à ceux obtenus à l'air libre par les belles journées d'été. On règle cet appareil comme on le veut, il ne produit jamais de coups de feu et les conserves n'ont jamais le goût de fumée qui résulte si fréquemment de l'emploi des séchoirs à calorifère.

Si l'établissement possède une machine à vapeur, le séchage se fait sans aucune dépense de combustible; en outre ce séchoir a, sur tous les autres systèmes à calorifères, l'avantage de ne présenter aucun risque d'incendie.

L'aéro-condenseur (fig. 23) est l'organe essentiel du

séchoir F. Fouché. Il se compose d'un ventilateur à ailes en hélices, qui fait passer un très fort courant d'air sur un faisceau de tubes verticaux, tandis que les mêmes tubes sont traversés intérieurement par un courant de vapeur.

Fig. 23. — Aéro-condenseur.

Comme on le voit, ce dispositif ingénieux permet d'obtenir de l'air sec et chaud.

Toutes les fois qu'il existe dans l'usine un moteur à vapeur, *qu'il soit à échappement libre ou à condensation,* la vapeur qui pénètre dans l'*aéro-condenseur* doit être seulement celle qui a déjà fait son travail dans le cylindre de la machine ; c'est de la vapeur perdue, que l'on utilise de nouveau, voilà tout.

Cette vapeur pénètre par le haut dans le faisceau tubulaire, se condense par l'action du courant d'air et l'échauffe en lui abandonnant toute sa chaleur ; au bas de l'*aéro-condenseur*, il arrive seulement que l'eau (qui, étant en réalité de l'eau distillée), peut être employée avec grand avantage à l'alimentation du générateur parce qu'elle ne produit pas d'incrustation.

Il sort donc de l'aéro-condenseur un très puissant courant d'air chaud ; il est de 10,000 mètres cubes par heure pour une machine de 10 chevaux, et de 40,000 mètres cubes pour une machine de 40 chevaux. Cet air est réparti dans les ateliers ou séchoirs par de simples conduits en bois.

Dans le séchoir Fouché, on fait sécher en très peu de temps, et d'une façon très régulière, le poisson, les fruits, les légumes et les viandes, en les plaçant sur des grils ou des claies de formes convenables, qui, déposés sur des chariots, sont placés à la suite les uns des autres, de manière à former une espèce de couloir traversé par le courant d'air dans le sens de la longueur.

Lorsque le contenu du chariot qui est le plus près du ventilateur se trouve convenablement séché, on retire ce chariot latéralement, on fait avancer le train de chariots de telle manière que le chariot suivant vienne prendre, près du ventilateur, la place de celui que l'on a retiré, on décharge le chariot terminé, on le recharge et on le ramène à la queue du train.

Pour rendre cette manœuvre facile, les chariots roulent sur deux voies parallèles réunies à leurs extrémités par deux voies transversales supportant des trucs de translation.

On continue ainsi, régulièrement, par les produits dont la dessiccation est la plus avancée, puisqu'ils se trouvent toujours les plus rapprochés de l'aéro-condenseur.

Le séchage s'opère donc dans des conditions parfaitement méthodiques, qui évitent les inconvénients d'un séchage trop brusque et réalisent des économies appréciables.

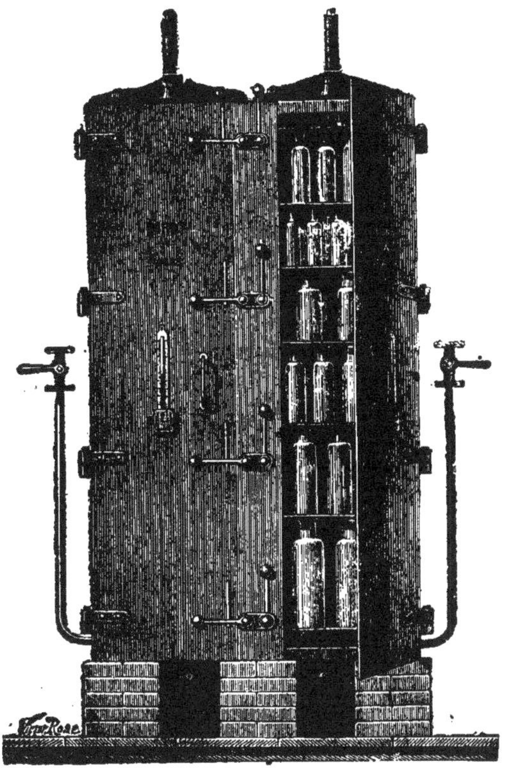

Fig. 24. — Armoire à conserves de 200 litres, munie de la vis de serrage évitant le ficelage des flacons.

Avec l'*aéro-condenseur* on peut faire sécher :

Les poissons : *sardines, thons, morues,* etc., que l'on range sur des grils spéciaux.

Les fruits : *prunes, pommes, poires, raisins,* etc. Ici les claies sont rangées dans les chariots d'une façon particulière, ce qui permet le séchage de beaucoup de fruits à la fois.

Légumes : *juliennes, macédoines, haricots verts;* même arrangement dans les chariots que pour les fruits.

ARMOIRE A CONSERVES

L'armoire à conserves (fig. 24), système Egrot et Grangé, est un précieux appareil, employé pour assurer la conservation de certains produits facilement altérables, tels que les sirops et les jus de fruits, en les soumettant, en flacons bouchés ou en boîtes soudées, à une température suffisante pour tuer tous les ferments.

On place les flacons sur les tablettes de l'armoire ; la porte est fermée hermétiquement, et on y introduit graduellement et uniformément la vapeur.

Par une disposition spéciale, on évite le ficelage, en introduisant les flacons et les boîtes entre les tablettes, qui reposent dessus, étage par étage; on serre la dernière tablette au moyen d'une vis de serrage.

Cette armoire, construite entièrement en tôle, recouverte de peinture métallique, possède deux compartiments qui contiennent chacun un thermomètre à mercure. Chaque armoire peut contenir de 50 à 300 litres.

MACHINE A ÉCOSSER LES PETITS POIS VERTS

Au moment où les petits pois sont abondants, le travail à la main étant très lent, il est indispensable, dans une usine d'une certaine importance, de posséder une bonne machine à écosser (fig. 25), très perfectionnée et ne laissant rien à désirer.

La machine à écosser, inventée par M. Navarre, ingénieur, est dans ces conditions.

Fig. 25. — Machine à écosser les petits pois verts.

Les tôles des contre-batteurs se changent à volonté, ce qui permet d'employer des trous de différentes dimensions, selon la variété et la grosseur des petits pois verts.

Quatre femmes, sans connaissances spéciales, sous la surveillance d'un homme, suffisent au service d'une forte machine, pouvant débiter de 400 à 800 kilog. de pois en gousses par heure, suivant la nature et la maturité des pois.

Avec la machine à écosser, il faut également être pourvu d'un

CRIBLE DIVISEUR

Ces cribles diviseurs sont construits en fer assemblé, rivé et boulonné ; ils sont montés avec arbre en fer creux et bagues soudées et tournées, ce qui leur garantit une solidité à toute épreuve.

Les ouvertures ou carrés de chute des pois, sont munies de portes à glissières qui permettent d'enlever les caisses pleines sans arrêter le travail. En outre, un entourage en bois, fixé sur le bâti, empêche les pois, entraînés par la rotation du cylindre, de tomber hors du crible. Sur cet entourage sont fixés les rouleaux destinés à détacher les pois et, après le travail, on peut les ramener dehors, ce qui facilite le démontage des tôles, ainsi que le nettoyage des cylindres.

MACHINE POUR MACÉDOINE

La machine à macédoine fonctionne à la main ou au moteur. Elle est disposée pour couper les légumes à 90 millimètres de diamètre.

Elle est montée avec engrenages et intermédiaires, ce qui donne la force nécessaire pour couper les gros légumes.

Elle est construite tout en fonte, les arbres seuls sont en acier.

La maison Navarre en construit une petite, dite à main, très pratique pour les petites industries ou pour les particuliers.

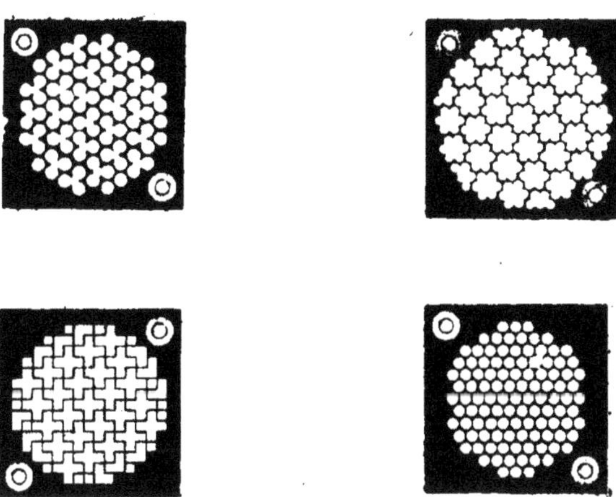

Fig. 26, 27, 28, 29. — Filières à macédoines.

Il existe différents modèles de filières à macédoines : fig. 26, 27, 28 et 29.

MACHINE A PELER LES POMMES DE TERRE

Avec cette machine, le travail étant régulier, il y a économie de main-d'œuvre et de déchets. La machine à peler débite, avec le travail d'un homme, 600 kilogr. de pommes de terre à l'heure et les petits légumes, qui autrefois n'étaient pas utilisés, sont pelés également.

MACHINE A TOURNER LES ARTICHAUTS

C'est avec cette machine que l'on tourne les fonds d'artichauts. Elle se manie aussi bien avec le pied

Fig. 30. — Passoire mécanique à mouvement continu pour passer toutes sortes d à noyaux ou à pépins.

qu'avec un moteur et elle rend d'inappréciable services, au point de vue de la beauté et de la régularité du travail. C'est une économie réelle que de la posséder dans l'outillage d'une grande usine.

PASSOIRE MÉCANIQUE

La passoire mécanique (fig. 30) à mouvement continu sert à passer rapidement et sans perte de temps, ni déchets considérables, toutes sortes de fruits à noyaux ou à pépins tels que : tomates, prunes, poires, pommes, etc., etc.

Cette passoire est à mouvement continu et sans arrêt. Elle est émaillée intérieurement, ce qui évite le noircissement des conserves acides ; les noyaux, les déchets sont complètement desséchés et rejetés automatiquement au dehors ; son débit est d'environ 1,000 à 2,000 kilogrammes à l'heure, suivant la marche du moteur et la nature des produits.

La passoire à tomates à main est aussi très pratique. Elle se fixe sur un bâti de bois, contre un mur ou tout autre support. Un homme sans se presser peut, dans une journée de 10 heures, passer environ 1,200 à 1,500 kilogrammes de tomates.

MACHINE A HACHER

La machine à hacher (fig. 31) fonctionne à la main et sert à hacher la *viande*, les *épinards*, etc., en débitant environ 90 kilog. à l'heure.

Cette machine se fixe sur une table, un établi, etc., son utilité est incontestable dans la petite ou dans la grande industrie.

Fig. 31. — Machine à hacher la viande, les épinards, etc.

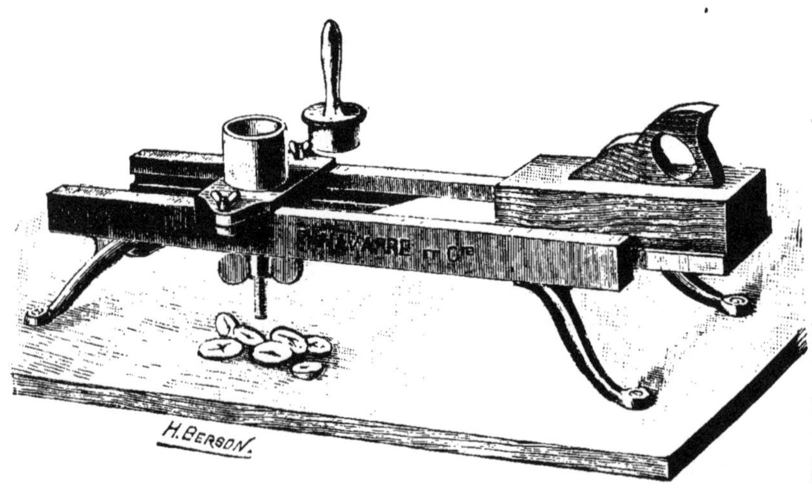

Fig. 32. — Machine pour couper en tranches les fruits et légumes.

MACHINE POUR COUPER EN TRANCHES

Cette machine (fig. 32) est d'un emploi facile ; avec elle on peut couper en tranches, légumes et fruits, depuis 3, jusqu'à 15 millimètres d'épaisseur.

MACHINE POUR JULIENNE

Avec cette machine on coupe les légumes pour julienne, et on peut l'adopter également pour couper

Fig. 33. — Bac à rafraîchir simple.

Fig. 34. — Bac à rafraîchir double.

la choucroute, en augmentant le nombre des lames. Elle est très pratique et d'un maniement facile.

MACHINES A PELER ET A ZESTER

Ces instruments sont à la portée des petites comme des grandes industries et sont facilement utilisables dans les hôtels et les familles ; elles fonctionnent à la main.

RAFRAICHISSOIRS

Il y en a de deux formes : ronds et carrés (fig. 33). La forme ronde sert à immerger les paniers sortant de l'autoclave et qui demandent à l'être d'un coup ; la forme carrée sert pour faire rafraîchir les boîtes quand elles demandent plusieurs heures de séjour dans l'eau ; enfin, il y a de très grands rafraîchissoirs, séparés en deux, dont l'un des côtés sert à la première immersion et l'autre à la deuxième (fig. 34).

CHAPITRE II

FABRICATION DES BOITES A CONSERVES

Cette fabrication se trouve actuellement dispersée entre une demi-douzaine de maisons qui en font de grandes quantités sur commande ; ce qui, pour les usiniers, est plus pratique et moins couteux surtout au point de vue de l'installation. Néanmoins, les grands fabricants de conserves auraient tout intérêt à ce que ces boîtes soient fabriquées chez eux, malgré l'outillage différent que chaque type réclame ; il n'en est pas de même pour les petits fabricants qui peuvent se les procurer à meilleur compte en s'adressant aux maisons spéciales qui ont monopolisé cette industrie.

C'est principalement à Paris que cette fabrication se fait en grand.

L'outil principal d'une usine de conserves alimentaires, c'est le banc à souder, soit au gaz, soit au charbon, au pétrole ou à l'électricité. Ce dernier procédé est tout récent ; il a été mis en pratique par la maison Fouché au moyen du fer à souder électrothermique, qui supprime tous les inconvénients des différents chauffages employés jusqu'à ce jour ; il réalise en outre une économie incontestable. Il est plus maniable que tous les fers connus, n'ayant qu'un léger tube de prise de courant, au lieu de deux lourds tuyaux en caoutchouc qui encombrent les fers à gaz. Il supprime les dangers d'incendie résultant de l'usage du charbon, du gaz ou du pétrole.

Le travail est plus facile, plus hygiénique par la suppression complète des émanations malsaines, de la flamme qui fatigue la vue des ouvriers et du bruit si souvent insupportable dans les ateliers où fonctionnent un grand nombre de fers à gaz.

Ne chauffant que les parties à souder, il évite les détériorations que produisent les flammes s'échappant des fers à gaz sur les objets à souder, sur l'illustration des boîtes à conserves et sur les produits contenus dans ces boîtes.

Les tiges cylindro-coniques des fers électrothermiques s'usent beaucoup moins vite que les tiges en cuivre des fers ordinaires et ne nécessitent pas, comme celles-ci, de fréquents martelages. Ceci constitue encore une économie de temps et d'argent.

L'emploi du fer à souder électrothermique se combine heureusement avec l'éclairage électrique des usines. L'installation de l'électricité dans les établissements qui n'en sont pas pourvus n'entraîne pas des frais très considérables, et d'ailleurs ces frais sont largement compensés par les avantages que procure l'électricité pour le chauffage des fers à souder et l'éclairage de l'usine.

Il est inutile de dire que le courant employé par les fers électrothermiques ne peut donner lieu à aucune espèce de dangers ou d'inconvénients.

Le fer à souder électrothermique L. B. se compose de trois parties : la *boîte à charnière* avec son *manche* et sa *prise de courant*, le *bloc électrothermique* et la *tige cylindro-conique*.

Le bloc électrothermique est l'organe essentiel du fer à souder électrothermique. C'est lui qui, s'échauffant par le passage du courant, communique à la tige cylindro-conique la chaleur nécessaire à la fusion de la soudure. Il se place dans la *boîte à charnière*. Pour cela il suffit d'ouvrir cette boîte en tirant la broche qui la ferme et d'y déposer le bloc électrothermique, en ayant soin que les deux prises de courant de ce bloc portent sur le double contact à ressort qui est dans le fond de la boîte ; en refermant celle-ci le contact s'établit, et le fe

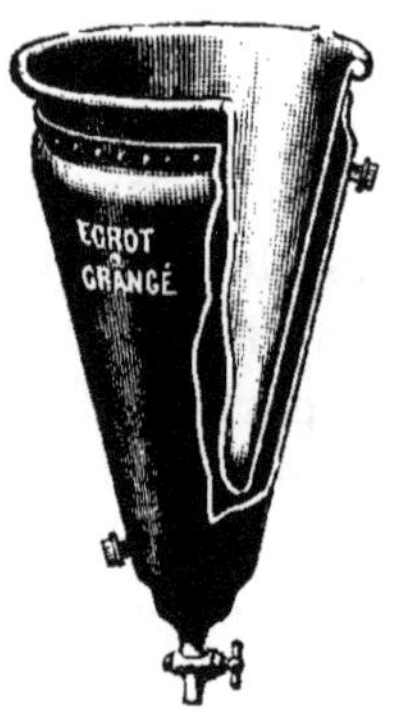

Fig. 35. — Filtre à double enveloppe ou à bain-marie.

à souder est prêt à fonctionner. Les bloc électrothermiques durent fort longtemps et, quand ils cessent de chauffer, il suffit d'une petite réparation pour leur redonner leur énergie première.

La tige cylindro-conique s'engage par son extrémité conique dans le bloc électrothermique, placé lui-même dans la boîte à charnière. Celle-ci est emmanchée dans un solide manche en bois, terminé par un tube de prise de courant portant une broche qui s'enfonce dans le trou de la boîte de prise de courant placée sous l'établi du soudeur. Cette tige cylindro-conique s'emboîte et se déboîte à volonté sans écrou ni vis d'aucune sorte; elle peut être forgée et limée par l'ouvrier selon le travail à faire. Il suffit de prendre soin de ne jamais détériorer la partie conique qui fait contact dans le bloc.

CHAPITRE III

Accessoires de laboratoire. — Les accessoires indispensables d'un laboratoire sont : le filtre, dont le modèle, appelé *filtre conique*, est en cuivre étamé à l'intérieur avec couvercle et robinet de vidange ; le *filtre à double enveloppe* (fig. 35) ou à *bain-marie*, est indispensable pour filtrer les gelées claires faites avec de la viande ou de la gélatine, qui se congèlent rapidement.

On doit toujours avoir dans une usine différentes écumoires, les unes en cuivre, les autres émaillées; des manches à filtrer, des molletons à filtrer; des fers à souder, des thermomètres.

Enfin, on doit avoir sans cesse sous la main, suivant le travail que l'on fait : *fourchettes, cuillères, spatules*, thermomètre, etc., dont l'emploi est journalier.

Fig. 36, 37. — Ecumoires.

Fig. 38. — Thermomètre.

Boîtes et flacons. — La fabrication des conserves demandait, jusqu'à ce jour, différents ateliers et un nombreux personnel d'ouvriers plombiers.

Quoique le système des boîtes soudées soit loin d'être abandonné, car on en aura toujours besoin dans l'industrie des conserves, les progrès réalisés dans ces dernières années permettent aujourd'hui de diminuer cette manière de procéder, dans des proportions énormes et sans que l'on ait à craindre la moindre fuite.

Avec les divers systèmes : Navarre, Fouché et surtout Weissenthanner, la main-d'œuvre est diminuée des trois quarts, ce qui n'est pas à dédaigner pour le fabricant, qui peut faire bénéficier sa clientèle de cette importante économie.

Le bouchage « Phénix » offre à nos yeux l'incon-

Fig. 39 à 50. — Différents modèles de flacons bouchage Phénix.

testable avantage d'être simple, propre et sans aucun danger.

Ce système s'applique à tous les genres de conserves, sauf peut-être aux grosses masses de viandes, qu'on

Fig. 51, 52. — Bouchage Phénix montrant l'agrafe.

devra toujours mettre dans des boîtes en fer blanc à couvercle soudé (fig. 53.)

Toutes les formes adoptées par la maison Weissenthanner, le sont déjà par la plupart des grandes maisons et nul doute que dans un avenir prochain, le système

Phénix n'ait ses grandes et petites entrées partout (fig. 39 à 50.)

Pour le bouchage des flacons ou boîtes de verre, avec le système Phénix, il est indispensable de posséder la machine spéciale qui s'y applique.

Avec cette machine, la fermeture des boîtes ou flacons Weissenthanner (voir les figures) se fait avec une extrême rapidité : les capsules résistent à toutes les pressions.

Enfin ce bouchage est plus hermétique que tous ceux existants, et les consommateurs l'apprécient hautement à cause de l'extrême commodité de l'ouverture.

Quant à la machine il en existe trois modèles : une à bras du prix de 250 francs et les deux autres à moteurs d'un prix beaucoup plus élevé, il est vrai, mais dont la valeur est bien vite rattrapée par les économies réalisées.

La machine à bras peut être avantageusement employée dans la petite industrie (fig. 54), dans les châteaux ou dans les hôtels et restaurants ; elle sert pour la fermeture des verres ronds de 24 millimètres de diamètre à 15 millimètres; mais on peut obtenir du fabricant toutes les formes de fermeture ovales ou carrées nouvelles, que l'on désire.

Les machines à flacons (fig. 57) à verres ronds, carrés ou ovales, qui marchent à la vapeur, sont d'une manipulation extrêmement facile, et un seul homme suffit à les manœuvrer. Celle servant à la fermeture des bouteilles peut également être utilisée à deux fins et l'ouvrier n'a pas à y toucher ; il se contente de retirer les verres fermés pour les remplacer par d'autres à fermer.

Enfin, la maison Weissenthanner est parvenue à réaliser un tour de force, en fabricant des boîtes spéciales et des bouteilles pour les ménages, sans qu'on soit

Fig. 53. — Bouchage d'un bidon Phénix, pour la conservation de grosses masses à dépoter.

Fig. 54, 55, 56. — Machine à bras, pour le bouchage Phénix.

obligé de posséder le moindre outillage. Le procédé est simple, pratique, et ne demande qu'un peu d'attention : c'est le bouchage *Express*.

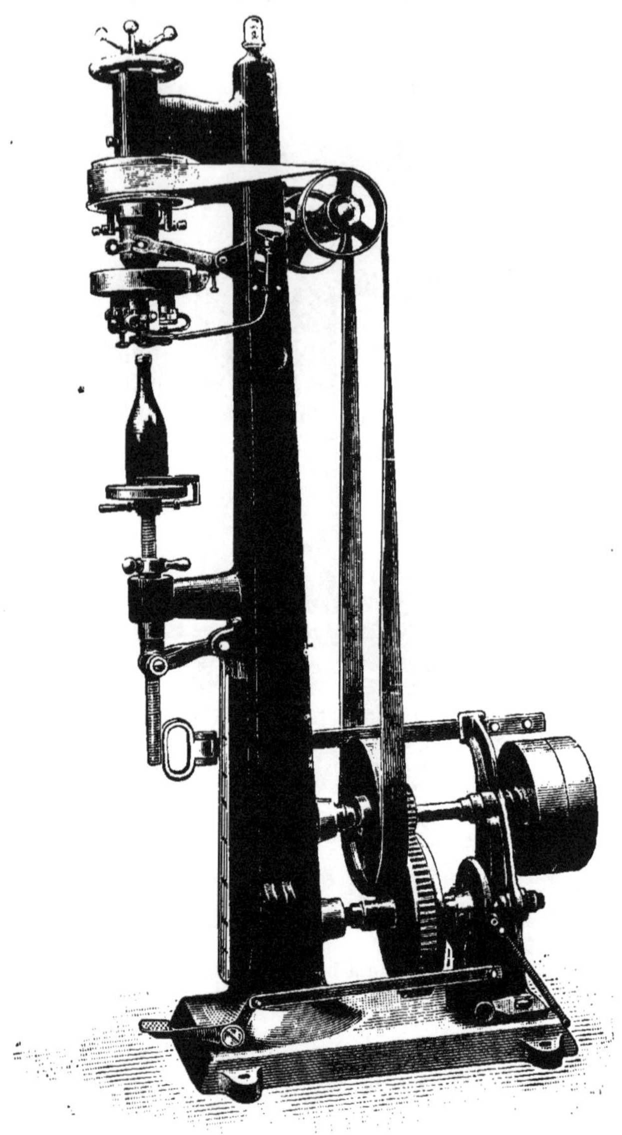

Fig. 57. — Machine pour le bouchage Phénix, actionnée par un moteur.

CHAPITRE IV

CONSERVATION DES PRODUITS ALIMENTAIRES PAR LE FROID

C'est au moyen de machines spéciales que l'on obtient la conservation rationnelle de tous les produits alimentaires, dont la décomposition est plus ou moins rapide. Ces machines produisent le froid par l'évaporation de l'*acide carbonique liquide*, lequel est obtenu par compression et refroidissement de l'*acide carbonique gazeux*.

L'acide carbonique est, ainsi que tout le monde le sait, un gaz inoffensif, ininflammable et n'attaquant pas les métaux; il existe constamment dans l'air et dans un grand nombre d'eaux minérales.

L'eau de seltz et les limonades dites gazeuses, dont on fait une si grande consommation, pendant les chaleurs de l'été, sont fabriquées avec de l'eau pure additionnée de substances aromatiques et que l'on sature, sous pression, d'acide carbonique.

L'acide carbonique liquide est fabriqué couramment dans l'industrie et se vend dans des bouteilles en fer forgé, qui peuvent supporter une haute pression. Comme il ne peut rester à l'état liquide que s'il est soumis à une pression suffisante, il s'échappe à l'état gazeux de la bouteille, quand on vient à ouvrir le robinet qui la ferme. Ces bouteilles en fer, chargées d'air carbonique liquide, sont employées dans les cafés pour faire monter la bière des tonneaux placés à la cave aux robinets de distribution disposés dans l'établissement.

Tous les gaz ont, comme l'acide carbonique, la propriété de passer de l'état gazeux à l'état liquide sous une pression et un refroidissement convenables, et de produire du froid en repassant à l'état gazeux.

Trois d'entre eux, outre l'acide carbonique, sont employés dans l'industrie pour la production du froid et de la glace : l'acide sulfureux, le gaz ammoniac et le chlorure de méthyle.

Les inconvénients inhérents à la nature de ces gaz subsistent toujours dans toutes les machines basées sur leur emploi, quelque ingénieuses et bien disposées soient-elles. L'acide sulfureux est un gaz d'une odeur suffocante, provoquant la toux (il se produit notamment dans la combustion du soufre), au contact de l'air humide il donne de l'acide sulfurique dont l'action énergique sur les métaux et sur nombre d'autres substances est bien bien connue.

Le gaz ammoniaque a une odeur suffocante et une saveur âcre; il se dissout très facilement dans l'eau et attaque les métaux. Le chlorure de méthyle est un éther qui, comme l'acide sulfureux et l'ammoniaque, est dangereux à respirer; de plus, il s'enflamme aisément et brûle en produisant de l'acide chlorhydrique.

Des considérations indiquées ci-dessus se dégagent les avantages suivants que présente l'emploi des appareils frigorifiques.

Peu d'usines sont pourvues de ces utiles appareils, coûteux, c'est possible, mais si indispensables quand il s'agit d'opérer, par exemple, sur des masses considérables de viandes à la fois.

L'installation d'une usine frigorifique est d'un prix de

revient élevé, mais aussi quels avantages en retirent les industriels avisés qui en ont fait l'acquisition.

A ce point de vue, nous ne saurions trop recommander

Fig. 58. — Moteur pôle Nord, pour l'obtention du froid.

la machine frigorifique *Pôle nord*, de la maison Fouché, à Paris (fig. 58).

L'acide carbonique étant inoffensif, les machines frigorifiques basées sur son emploi devraient être installées partout. Les serpentins dans lesquels circule l'acide carbonique peuvent être conduits directement à travers les liquides ou les locaux à refroidir.

L'acide carbonique est donc d'une puissance frigorifique bien supérieure à celle que présentent les gaz employés dans les autres machines.

C'est ainsi que pour une puissance frigorifique égale, les compresseurs des machines « *Pôle Nord* » sont 50 fois plus petits que ceux des machines à éther; 25 fois plus petits que ceux des machines à acide sulfureux, et 15 fois plus petits que ceux des machines à ammoniaque !

Les organes de ces machines étant plus petits, à puissance égale, que ceux des autres machines frigorifiques, le frottement y est moindre, la force motrice nécessaire moins grande, la durée plus longue et l'emplacement occupé très réduit.

Ces machines sont construites avec une perfection poussée au plus haut degré. Les compresseurs sont à simple effet; les pistons en acier, d'une seule pièce, sont ajustés dans les cylindres avec une telle précision, que les espaces nuisibles sont presque nuls. Les soupapes en acier sont à course très courte et pourvues de longs ressorts. Elles sont très facilement accessibles sans démonter les compresseurs.

Les organes soumis à la pression de l'acide carbonique sont de très petit volume et peuvent la supporter jusqu'à 250 kilog. par centimètre carré; la sécurité est donc absolue.

Des dispositions spéciales, évitant les pertes d'acide carbonique, rendent insignifiante la dépense de ce produit, d'ailleurs d'un prix relativement minime. La construction de ces machines est simple, la marche en est facile et n'exige aucune surveillance spéciale.

L'introduction de l'acide carbonique dans l'appareil,

tant pour la mise en marche que pour compenser les pertes accidentelles, se fait très facilement. La quantité d'eau froide employée est peu importante et est proportionnelle à la production du froid dans le réfrigérant.

Fig. 59. — Application des machines frigorifiques dans les boucheries, charcuteries, hôtels, restaurants, etc.

En résumé, on ne saurait trop recommander l'emploi de cet appareil, partout où l'emploi de réfrigérants est nécessaire; c'est un progrès considérable dans la production du froid et de la glace. Il trouve son emploi dans l'industrie des conserves alimentaires de toutes sortes : lait, beurre, fruits, légumes, viandes, gibiers et poissons. Avec la machine frigorifique on peut installer des boucheries spéciales, où l'on a besoin de faire mortifier longuement les viandes pour les attendrir.

Un coup d'œil jeté sur la figure 59 donnera mieux qu'une description, même détaillée, un véritable modèle d'une installation de ce genre.

Ajoutons que l'emploi de la glace, simplement destinée à conserver le poisson et la viande, ne donne que des résultats incertains pendant les fortes chaleurs et que le poisson, la plupart du temps, après un court séjour dans la glace, devient impropre à la consommation et peut même produire de graves désordres dans l'organisme, parfois causer la mort.

CHAPITRE V

LES ANTISEPTIQUES

De tous les procédés de conservation des produits alimentaires, le seul qui donne des résultats certains c'est l'ébullition, quoique depuis quarante ans et plus, on ait tenté mille expériences au moyen d'appareils frigorifiques ou de produits chimiques, dont l'emploi cause presque toujours des accidents pour la santé publique.

Avec les appareils frigorifiques, en maintenant la température constamment en dessous de 4 degrés, la viande se conserve très bien huit jours pendant les fortes chaleurs ; après quinze jours, elle blanchit, se contracte, sans pourtant prendre un mauvais goût, mais quelques jours de plus suffisent pour qu'elle se couvre de fleuraisons moisies.

Par le moyen de l'*acétate de soude*, — procédé Sace de Neuchâtel, — on parvient à une conservation à peu près exempte de reproches, mais les bains prolongés que l'on est obligé de faire subir aux viandes lavent les chairs et les rendent insipides ; car, pour que le procédé réussisse, il est indispensable quelles fassent un séjour prolongé de douze heures dans le bain d'acétate.

On peut également employer ce produit chimique en le saupoudrant sur les viandes, mais elles se racornissent, se dessèchent et finissent, au bout de 48 heures, par ne plus contenir une parcelle d'eau. Enfin, ce procédé, revenant très cher, est rarement employé.

Le formol utilisé à haute dose est un autre produit chimique qu'il est *impossible d'adopter* dans la pratique, et toutes les tentatives faites dans ces dernières années ont produit de tels désordres dans l'organisme humain, que les tribunaux ont dû s'en mêler pour en restreindre l'usage.

« Le formol, à l'état de solution à 30 ou 40 pour 100, dit le *Dictionnaire de chimie industrielle*, est un liquide incolore, sirupeux, d'une odeur piquante. On ne peut l'obtenir plus concentré ; sans cela il se changerait en trioxymathilène, qui se déposerait en poudre amorphe.

» C'est un antiseptique puissant à la dose de 12 millièmes ; il conserve le bouillon de veau, pendant plusieurs semaines, tandis que le bouillon, additionné de 6 millièmes de bichlorure de mercure, se décompose en cinq à six jours. A la dose de 1 millième, il tue les microbes salivaires en moins de deux heures.

» La viande immergée pendant trois minutes dans une solution de formol (Aldehyde formique) au 15 centième peut se conserver pendant cinq jours ; avec une immersion de soixante minutes, on peut la conserver vingt-cinq jours. »

L'emploi du formol est interdit en France où on ne l'utilise que pour désinfecter ou *antiseptiser* les locaux chargés de microbes.

Le *borax* et *l'acide borique* sont encore deux antiseptiques puissants, qui ont été très employés, sans succès, par les Américains, pour l'expédition des viandes fraîches ; les viandes découpées et préalablement trempées dans des bains composés avec ces deux produits chimiques étaient mises dans des tonneaux après avoir été saumurées dans la solution suivante :

Pour 80 litres d'eau :

3	kilogrammes	de salpêtre ;
3	—	de sel marin ;
10	—	de biborate de soude.

Au moment de l'emploi on y ajoutait 3 kilogrammes d'acide borique liquide ou cristallisé, ainsi que 3 kilogrammes de sucre.

Au moment de l'utilisation de ces viandes, il fallait les faire dégorger durant 24 heures dans de l'eau fraîche, ce qui les rendait insipides ; d'autre part les estomacs nourris avec cette chair devenaient inactifs et ne digéraient plus .

Qui sait si un jour l'emploi du gaz acide carbonique, déjà utilisé pour les pompes à bière, ne se généralisera pas pour les conserves alimentaires ? L'avenir nous le dira. Quoiqu'il en soit, jusqu'à ce jour, le meilleur procédé chimique ne vaut pas le diable et c'est avec raison que les chimistes, soucieux de la santé publique, ont mis en garde contre l'usage de ces drogues pernicieuses.

DEUXIÈME PARTIE

LES POISSONS

LES ANCHOIS

C'est sur les lieux de pêche, en pleine plage, que les anchois subissent leur préparation, car il est indispensable que ce poisson ne quitte l'eau que pour être mis immédiatement en baril.

Le nettoyage des anchois se fait sommairement : on en retire simplement les intestins, en pressant sur l'estomac, avec le pouce.

On leur donne la teinte rouge bien connue, au moyen de brique pilée, passée au crible fin et mélangée au sel. La salaison se fait au fur et à mesure que l'on range les poissons dans les barils, et dans les proportions suivantes :

100 kilogrammes de poissons ;
12 — de sel ;
1 — de briques pilées.

On les range par couches de 6 à 8 centimètres d'épaisseur, on couvre de sel et de brique pilée, on ferme les barils et on les met au frais. Les barils doivent être bien étanches et le poisson être humide et non pas sec.

LES ANGUILES MARINÉES

Les anguilles ont la vie dure ; on les emploie toutes vivantes ; après les avoir assommées, on les dépouille de leur peau, on les vide et les coupe en tronçons, puis on les laisse mariner dans une saumure pesant, au pèse-sel, 25 pour 100. Ce laps de temps écoulé, on égoutte, on laisse sécher, on les passe à la farine et on les met à frire, jusqu'à coloration légère, dans de la graisse bouillante. Après égouttement et séchage, on range les anguilles dans une bassine en terre vernie ; on verse-dessus la composition suivante :

Emincé d'*oignons, carottes, échalotes, ail;* on fait revenir à feux doux, on mouille avec moitié *saumure*, moitié *vinaigre* et on aromatise avec thym, laurier, poivre en grain, piment, girofle et quelques tranches minces de citron ; on verse bouillant sur les anguilles et on laisse macérer pendant 48 heures.

Ces poissons avec leur marinade sont ensuite rangés dans des barils ou dans des tonneaux, que l'on bouche hermétiquement après les avoir complètement remplis avec de la saumure à 25 pour 100, que l'on introduit par la bonde.

Anguilles en matelote. — Même procédé de préparation que pour celle des carpes. (Voir cet article.)

Anguilles à la flamande. — Après avoir dépouillé les anguilles, on les fait frire dans le beurre, après les avoir tournées dans la farine, jusqu'à coloration, mais sans que la cuisson soit complète ; on retire du feu et on laisse égoutter. D'autre part on prépare une sauce composée de : oseille réduite dans le beurre (en quantité suffisante) autant d'oseille que de poisson ; un peu de sauge, poivre, sel et muscade ; on lie avec un peu de farine et on mouille avec un bon verre de vin blanc. Laisser réduire jusqu'à consistance, en y ajoutant les anguilles. Après un quart d'heure de cuisson, on emboîte à chaud, en s'arrangeant pour qu'il y ait autant de poisson que de sauce ; on soude et on passe à l'autoclave, où on laisse les boîtes pendant 40 minutes pour celles de 1 kilog.

Excellente formule, très appréciée des gourmets.

Le brochet. — Ce poisson délicat se prépare de la même manière que le maquereau au vin blanc.

Le cabillaud. — Se conserve, comme le maquereau, mariné au vin blanc.

La carpe (*en matelote*). — Ce poisson, quoique n'étant pas d'une très grande finesse, se conserve néanmoins très bien, à cause de la fermeté de sa chair; en filets comme les maquereaux et les soles.

On en fait une excellente matelote, qui se prépare comme suit :

Ecailler, vider et couper têtes et queues des carpes, puis les tronçonner en plusieurs morceaux, de grandeur égale, que l'on fait mariner pendant vingt minutes dans la saumure à 25 degrés ; on fait égoutter et sécher, en mettant à part les laitances.

D'autre part on met dans une bassine à fond plat en émincant suivant les besoins : *oignons* et *carottes* ; on fait cuire dans du beurre, pendant un quart d'heure, sans laisser colorer, en ajoutant un bouquet de persil, thym et laurier, poivre en grains, clous de girofle, ail, échalotes ; mouiller ensuite le tout avec du bon vin rouge et autant de cuisson de champignons (eau où l'on a fait bouillir les champignons).

On précipite, d'un coup dans cette composition tous les quartiers de carpes et on les y laisse mijoter une minute. On les retire alors du liquide bouillant, on les range dans les boîtes en remplissant les vides avec la garniture suivante :

Champignons, laitances blanchies (à l'eau pendant cinq minutes), quenelles de poissons, petits oignons à peine colorés à la poêle, cornichons et quelques olives.

On remplit ensuite les boîtes avec le liquide où la cuisson s'est faite, en ayant soin de lier celle-ci avec un peu de farine puis de la passer à l'étamine ; avant de fermer les boîtes, on y ajoute un petit verre de cognac, on soude et on place à l'autoclave.

La durée de cuisson est de :

45 minutes pour les boîtes de 500 gram. à 102 ou 104 degrés.
1 heure pour les boîtes de 1 kilogr. à 104 degrés

Après cuisson, tremper les boîtes, pendant une heure, dans l'eau fraîche.

LES CREVETTES

Rien de plus simple que de faire cette conserve ; il suffit pour cela : 1o de choisir la crevette franche ou bouquet (car la grise n'a pas assez de coup d'œil) ; 2o on doit l'employer fraîche et vivante.

La faire bouillir une minute dans de l'eau non salée (condition essentielle), l'égoutter et la mettre en terrine ; on saupoudre alors de sel fin.

(*Les crevettes cuites à l'eau salée ne s'épluchent pas aussi facilement.*)

Dès qu'elles sont complètement refroidies, on en retire la peau et les queues en veillant à ne pas les abîmer, puis on met la chair dans des petits sacs de mousseline grossière; on les noue et on les introduit dans les boîtes sans aucun jus; on soude et on met dans l'autoclave, où on leur donne une cuisson de :

16 minutes pour les un quart de litre à 102 degrés.

de 22 minutes pour les demi-litres à 102 degrés.

Si les crevettes sont un peu sèches, avant de les mettre en boîtes, on les trempe dans la saumure, de manière à n'imbiber que le sac de mousseline qui les entoure.

Ces diverses opérations doivent être promptement faites, pour conserver aux crevettes toute leur fraîcheur et tout leur arôme.

LES HARENGS

C'est en octobre ou novembre que l'on opère; on les gratte pour enlever les écailles, et on procède aux diverses opérations que les harengs doivent subir.

Harengs au vin blanc — Après nettoyage, on enlève têtes et ouïes, on les vide sans les fendre en conservant laitances ou œufs (Roque).

On les met au fur et à mesure dans une terrine ou un tonneau et on les couvre d'une saumure à 25 pour 100 de sel, où on les laisse pendant 40 minutes.

On les retire, on les égoutte et on les sèche, puis on les range dans des boîtes plates, comme celles employées pour les sardines, de manière que le coup d'œil soit appétissant; on aromatise avec : *laurier*, *thym*, *girofle*, *persil*, un peu d'estragon, on répand sur la surface quelques tranches d'oignons et une ou deux rondelles de citron (sans la peau) par boîte. Ceci fait, on pratique la soudure, en réservant une ouverture, par laquelle, au moyen de l'entonnoir, on introduit le jus, composé de : *eau* et *vinaigre* par parties égales, *eau* et *vin* ou *vin blanc de Chablis;* après quoi, on soude l'ouverture des boîtes, on les place dans l'autoclave où on leur donne une ébullition de 8 à 10 minutes pour celles d'un kilog. A la sortie de l'eau bouillante, on précipite les boîtes dans l'eau fraîche, jusqu'à complet refroidissement.

Harengs au beurre. — On fait frire les filets, on les laisse refroidir, on les emboîte, comme précédemment, on les aromatise de même, et on les couvre de beurre clarifié. On soude et on donne un quart d'heure d'ébullition pour les boîtes de 500 grammes, 20 minutes pour celles d'un kilog.

Harengs au gratin. — Ce poisson se prépare de la même manière que le *maquereau au gratin.* (Voir *Maquereau.*)

Harengs à l'huile. — Mêmes opérations que pour les *sardines a l'huile.* (Voir *Sardines.*)

Harengs aux tomates. — La sauce tomate se fait à la manière ordinaire (voir *Tomates*), mais en les faisant réduire avec un peu de vinaigre — un verre à liqueur par kilog. — et en ne la laissant pas épaissir.

Harengs en saumure. — Après nettoyage, en n'enlevant que les intestins et les ouïes, on range les poissons dans un baril qui peut en contenir de 100 à 120 ; chaque lit de harengs est assaisonné de boules de poivre, tranches d'oignons et les autres aromates habituels ; le baril garni jusqu'en haut est refermé hermétiquement et, par la bonde, on introduit la composition suivante qui, après ébullition et refroidissement, doit remplir complètement ce récipient :

1 litre saumure à 25 pour 100 de sel ;
1 litre de vinaigre bien pur ;
2 grammes d'alun en poudre ;
2 grammes d'acide acétique pur.

Après 10 jours de macération les harengs sont bons à consommer.

Harengs à l'italienne — Les harengs nettoyés sont mis pendant 40 minutes dans la saumure, après quoi on les en retire, on les égoutte et on les fait sécher. On les tourne alors dans la farine, mais faiblement, on les fait frire à l'huile, mais sans les laisser colorer, on laisse égoutter et refroidir, puis on les range dans les boîtes, on aromatise et on les couvre d'huile d'olives, de beurre clarifié ou bien du jus suivant que l'on fait cuire pendant 10 minutes : oignons, carottes, céleris, beurre fondu ; 125 grammes de beurre, 125 grammes d'eau et 125 grammes de vinaigre ; on assaisonne de poivre et sel et on verse sur les harengs ; on soude les boîtes et à l'autoclave, on leur donne : 7 minutes pour celles de 500 grammes et 12 minutes pour celles d'un kilog.

Harengs fumés (recette anglaise). — C'est le *bloater* des Anglais, qui malheureusement ne se conserve pas longtemps.

Les harengs *frais*, ne sont pas séparés de leurs têtes, on les fend simplement en deux (non divisées), on les débarrasse des intestins et des ouïes, puis on les met dans une saumure à 20 pour 100 de sel et 2 grammes par litre d'alun où on les laisse pendant 25 minutes.

On les retire alors de la saumure, on les aplatit, pour qu'ils restent bien ouverts, puis on les suspend à l'air, pour qu'ils deviennent aussi secs que possible.

Parvenus à cet état, on les place dans le fumoir à

5

harengs, jusqu'à ce qu'ils aient pris une belle couleur dorée, soit 12 ou 14 heures environ.

Au moment de l'emploi, pour livrer les harengs à la consommation, on les huile. A conserver au fumoir en ne les sortant qu'au fur et à mesure des besoins.

Ce hareng est plus délicat que le hareng-saur ; grillé au beurre, ou passé à la poêle et servi avec une sauce à la maître-d'hôtel au citron, il est délicieux.

Harengs aux truffes. — Cette préparation est identique à celle des sardines (Voir *sardines.*) Il leur faut 18 minutes d'ébullition en ayant soin de laisser refroidir les boîtes dans l'eau de la cuisson définitive ; on parfume avec des truffes.

Harengs marinés à l'huile. — Même recette que la précédente, en remplissant les boîtes avec de l'huile fine et en faisant bouillir à l'autoclave pendant 18 minutes, sans fermer le couvercle.

On laisse refroidir comme ci-dessus.

Harengs-saurs. — Les harengs ne sont ni nettoyés, ni vidés.

Au sortir de la mer, on les range dans des baquets puis ils sont couverts d'une saumure à 25 pour 100 de sel et 50 grammes de cassonade par kilogramme de poissons.

On met sous presse légère et, après 15 jours, on les sort en les lavant dans la saumure, puis on les enfile par une ouïe à des bâtonnets que l'on met sécher à l'air ; le poisson, une fois sec, est essuyé et porté au fumoir.

Les fumoirs à harengs, dans les grandes exploitations, sont construits sous terre ; ils forment un long boyau, ouvert aux deux extrémités, et orienté de manière à avoir toujours le vent arrière pour que la fumée puisse s'engouffrer dans la galerie où est suspendu le poisson, aussi haut que possible contre les parois supérieures.

A l'entrée de l'ouverture qui se trouve sur le devant, on allume un bon feu de bois vert, sciure de bois, copeaux de chêne (pas de bois blanc à cause de l'odeur de résine).

La fumée montant enveloppe le poisson, le sucre de la saumure colore le poisson qui, arrivé au point voulu, est retiré du fumoir, huilé et encaqué en barils ou en caisses.

Harengs marinés (à la Russe). — Après avoir été séchés par les procédés ordinaires, on les tourne dans la farine et on les fait frire à blanc, dans de l'huile, puis on les jute avec une marinade composée de : vinaigre aromatisé à l'estragon et lié avec un peu de farine de moutarde forte ; les boîtes soudées sont mises à l'autoclave et doivent bouillir pendant 8 minutes à l'air libre ; on rafraîchit à l'eau froide.

Homards et langoustes. — Cette conserve doit être prestement faite si on veut parfaitement la réussir ; on opère de la façon suivante :

Faire cuire les *homards* ou les *langoustes* dans de l'eau fortement aromatisée et suffisamment poivrée ; cette opération terminée, on les plonge toutes chaudes dans un récipient contenant de l'eau salée à 200 grammes par litre.

Le refroidissement bien complet, soit une heure et demie après, on brise les coffres (carapaces) et on met en boîtes les morceaux de choix, en les remplissant complètement et en habillant bien le dessus. On jute avec l'eau de l'intérieur de ces crustacés et avec la saumure ci-dessus, afin de bien remplir les vides ; on ajoute des aromates et on soude.

L'ébullition à l'autoclave à couvercle fermé, mais sous pression, dure une heure et demie pour les boîtes de 500 grammes, deux heures pour celles d'un kilogramme.

LES ÉCREVISSES AU NATUREL

Pour cette conserve, il faut choisir des écrevisses bien fraîches et *surtout vivantes*.

Dans une bassine émaillée, on met autant de vin blanc qu'il en faut pour couvrir les crustacés, on sale et on ajoute : poivre en grains et une pincée de poivre de Cayenne (kari), puis on fait bouillir.

D'autre part, on châtre les écrevisses, en leur enlevant le pétale central de la queue, qui enlève en même temps le gros intestin ; on les lave vivement et on les précipite dans la bassine en pleine ébullition.

On les remue pour les faire colorer régulièrement.

Dès que la cuisson est terminée, on met les écrevisses dans une terrine, puis on les range dans des boîtes que l'on aromatise avec thym, laurier, poivre en grains et girofle ; on verse dessus l'eau de la cuisson et on soude.

La cuisson finale se fait à l'autoclave fermée : une heure et demie pour les boîtes d'un kilogramme. Deux heures au bain-marie simple.

Queues d'écrevisses. — On prend les écrevisses vivantes et on les précipite, sans les châtrer, dans de l'eau bouillante légèrement vinaigrée, et aromatisée d'épices, mais pas salée ; on les y laisse cuire pendant 6 minutes, puis on les rafraîchit pendant 2 ou 3 minutes dans l'eau froide.

On enlève alors les queues en conservant leur forme naturelle et on les range dans les bouteilles à tomates ou dans les boîtes que l'on remplit avec l'eau de la cuisson ; puis, on garnit le sommet des flacons ou des boîtes, avec du beurre fondu et peu salé dans lequel on a fait mijoter les débris de carapaces pilés, ce qui lui a donné une teinte rougeâtre. Ce beurre sert de bouchon, mais la fermeture complète se fait soit à la soudure, soit avec du liège bien ficelé.

On place dans l'autoclave bien fermé, on donne 15 à 55 minutes d'ébullition et on laisse refroidir dans l'eau de la cuisson.

LES HUITRES

La meilleure variété d'huitres est celle que l'on appelle *pied de cheval*, qui est grosse et blanche avec une chair bien épaisse.

C'est en pleine saison que l'on opère : novembre, décembre et janvier, époque où elles sont bien grasses.

On ouvre les huîtres mécaniquement, on en recueille toute l'eau qui doit servir à juter les boîtes ; on les range dans celles-ci par 24, 36 ou 48 ; on passe le jus à l'étamine, afin d'en éliminer les débris d'écailles, et on remplit les boîtes. Cette eau doit suffire ; au cas contraire, on ajoute un peu de saumure et d'eau. On soude et on met à l'autoclave fermé : une heure pour les boîtes de 500 grammes ; 40 minutes pour celles de 250 grammes.

Après cuisson, on rafraîchit à l'eau froide, pendant une ou deux heures.

LES MAQUEREAUX

C'est au printemps que la pêche commençant, on choisit les maquereaux bien frais et que l'on opère. On les prépare de différentes manières : à *l'huile*, au *vin blanc*, au *gratin* et au *beurre*.

A l'huile. — On prend les maquereaux qui ne sont pas plus gros que des sardines, on les met entiers dans une saumure à 25 p. 100 de sel, on les y laisse macérer 12 minutes. On les égoutte, puis on les étête, on les vide et on les pare. Lavés une deuxième fois à la saumure, puis mis en paniers, après un assez long ressuyage à l'air, on les fait frire au saindoux, non salé, sans leur laisser prendre couleur. On égoutte ensuite et on fait refroidir à fond.

Rangés dans les boîtes plates, les maquereaux sont aromatisés comme les sardines à l'huile et couverts d'huile d'olives fine; on soude et on place dans l'autoclave bien fermé et rempli d'eau. Il faut :

3 heures de cuisson pour les boîtes de 2 kilog.

2	—		—	—	—	1 kilog. 500
1	—	3/4	—	—	—	0 — 750
1	—	1/4	—	—	—	0 — 500

Dès que l'eau est suffisamment refroidie pour y pouvoir plonger la main, on retire les boîtes, on les passe à la sciure, etc., exactement comme pour les sardines à l'huile. (Voyez *Sardines*.)

Au gratin. — On ne se sert que des filets de poissons moyens, bien débarrassés des arêtes; on les fait mariner un quart d'heure dans une saumure à 25 p. 100 de sel; on fait égoutter et sécher à l'air, on passe à la farine et on les fait frire à blanc dans l'huile; on égoutte, on emboîte en garnissant avec la composition suivante :

On lave tous les débris des maquereaux qui sont séparés des intestins, on les met dans une bassine en les couvrant d'eau contenant un verre de vinaigre; faire bouillir et écumer soigneusement. La première écume enlevée, on garnit avec des aromates *et sans sel ;* la cuisson dure pendant 1 heure 1/2 ou 2 heures, pour arriver à une réduction d'un huitième, et on passe à l'étamine.

D'autre part et pendant que la cuisson s'achève, on hache finement des débris de champignons, de cèpes ou autres, on y ajoute oignons, persil, ciboulettes et échalotes ; on presse ensuite ce hachis dans un linge pour en exprimer toute l'eau et on le mélange à la réduction décrite plus haut ; on sale et on poivre en y introduisant une pointe de noix de muscade râpée. Cette mixture sert à compléter les boîtes de filets de harengs.

Si on veut obtenir une conserve plus délicate, on peut remplir aux 3/4 les boîtes avec ce gratin, que l'on recouvre ensuite de beurre fondu ; après quoi, on soude et on fait cuire au bain-marie à chaudière couverte pendant 50 minutes. Après cuisson, faire rafraîchir longuement avant de retirer les boîtes de la chaudière.

Au vin blanc. — On choisit les maquereaux les plus gros. Apres avoir enlevé têtes, queues, nageoires et intestins, on les cisèle régulièrement sur toute la surface, pour que la saumure pénètre bien la chair, et on met à mariner dans une saumure à 25 p. 100 pendant 20 ou 25 minutes, suivant la grosseur des poissons.

Égoutter, sécher et faire frire à l'huile comme les sardines, mais juste le temps nécessaire pour les raffermir ; après égouttement, on range dans les boîtes, les ciselures dessus ; on garnit le dessus avec des tranches d'*oignons*, *carottes*, *citron*, *échalotes hachées*, *persil* et *estragon*, puis on soude en réservant une petite ouverture destinée à introduire l'entonnoir ; enfin, on remplit avec du vin blanc de Chablis, ou eau et vin, ou bien encore avec eau et vinaigre par parties égales ; on achève la soudure, on place les boîtes à l'autoclave et à l'air libre. Il faut :

18 minutes de cuisson pour les boîtes de 0 kilog. 500 g.
25 — — — 1 kilog.

On rafraîchit ensuite à l'eau froide.

Filets séchés. — On peut faire sécher les maquereaux de la même manière que les harengs, puis ensuite les faire fumer. C'est un mets excellent.

Les Turcs, sous le nom de *ranghabé*, les salent et les font sécher au soleil ; cette préparation remplace la morue pour la population pauvre et même pour la classe plus élevée.

LES MERLANS

Ce poisson ne peut se conserver, car mis dans les boîtes, il se ramollit et ne supporte aucune cuisson. Les Anglais le salent et le fument sous le nom de *Kiepers*. Même travail que pour les *harengs fumés*. (Voyez *Harengs*.)

LES MOULES

On choisit des moules de bonne grosseur ; on les nettoie, on les gratte et on laisse dégorger dans l'eau salée. On les met alors sur le feu dans une bassine émaillée avec un verre de saumure, on remue sans cesse en maintenant le couvercle, jusqu'à ce que les coquilles s'entr'ouvrent ; on retire alors les moules des coquilles, on les range au fur et à mesure dans les boîtes, on les remplit ensuite avec le jus provenant de la cuisson et préalablement passé à l'étamine, on soude et on fait cuire à l'autoclave :

1 heure pour les boîtes de 500 gr.
1 — 1/2 — 1 kilog.

Moules au beurre. — On opère de même que ci-dessus, mais au lieu du jus des moules, on introduit dans les boîtes du beurre fondu et clarifié.

Même durée de cuisson.

Moules frites — Après avoir retiré les moules des

coquilles, on les fait égoutter, puis on les sèche sur des linges. Le sèchement opéré, on les roule faiblement dans de la farine et on les fait frire pendant quelques minutes dans le beurre, sans qu'elles prennent trop couleur.

On les emboite, on les recouvre de beurre clarifié, on soude et on met à l'autoclave où on leur donne :

Une 1/2 heure de cuisson pour les boîtes de 500 gr.
1 heure — — 1 kilog.

LE MULET

Ce poisson se conserve très bien au fumoir et peut se préparer toute l'année de la même manière que les *harengs fumés*. (Voyez *Harengs fumés.*)

LE ROUGET

Le rouget, dit de roches, se prépare de la même manière que le maquereau, en ayant soin de le faire macérer dans la saumure à 25 pour 100, pendant 4 à 5 heures. Il devient alors très ferme et peut se conserver pendant 6 à 8 mois.

LES SARDINES A L'HUILE

Il y a deux modes différents de fabrication, tous deux aussi bons, mais le plus perfectionné est celui qui permet de travailler par tous les temps.

Premier mode (procédé ancien). — Au moment de la pêche de la sardine, on prépare les saumures, en faisant fondre à froid, dans de l'eau douce, le sel nécessaire pour l'amener à 12 ou 15 degrés au pèse-sel.

Aussitôt le débarquement, on compte les poissons, et

on les met dans les baquets de saumure dans lesquels on les laisse macérer vingt minutes; on les retire alors, on les met à égoutter sur des tables en dos d'âne et sans les entasser.

Les sardines bien ressuyées sont immédiatement étêtées et débarrassées de leurs intestins, mais *surtout du petit boyau*, en séparant toutes les grosseurs les unes des autres; on les range dans des paniers qui, une fois pleins, sont plongés dans l'eau de mer où, pour arriver à un nettoyage parfait, on leur donne un mouvement de va-et-vient continuel; après quoi on suspend au grand air et au soleil contenant et contenu, pour que le poisson soit bien égoutté et que l'extérieur soit parfaitement sec.

Le séchage terminé, on opère la friture dans des bassines spéciales (Lagillardaie), chauffées au bois ou au charbon de terre. Ces bassines sont à deux ou trois grilles; dans la petite industrie une seule suffit amplement (fig. 60 et 61.)

L'huile ne doit pas crépiter, car le poisson ne demande que la cuisson à blanc, il ne faut pas qu'il soit coloré, et on reconnait qu'il est à point lorsqu'il vient surnager à la surface de la bassine.

Après la friture on fait égoutter et sécher les poissons et l'on met immédiatement en boites, opération très simple, qui demande néanmoins une certaine habileté, car il faut les ranger d'une façon régulière.

L'emboîtage terminé, on remplit les boîtes avec de l'huile d'olives de qualité supérieure, peu fruitée et bien limpide.

Après l'emploi de l'huile à friture (huile blanche, d'arachide ou d'œillette) on arrête le feu et on refroidit le liquide en ébullition, en y ajoutant un seau d'huile froide ; on laisse reposer et on décante.

L'assaisonnement que l'on emploie pour aromatiser les sardines est le suivant pour les boîtes d'un quart, en augmentant les doses pour celles de plus grandes dimensions :

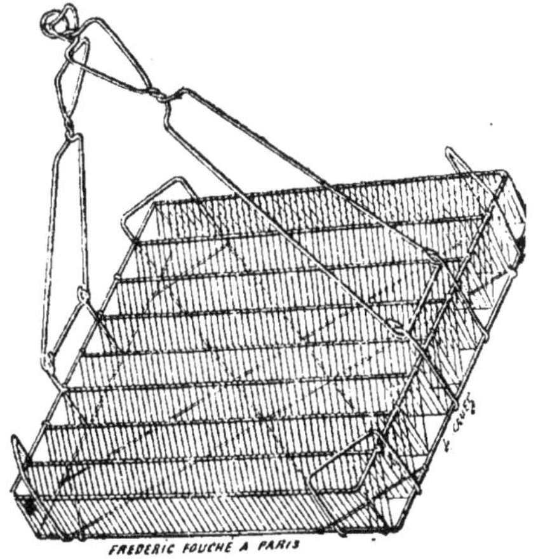

Fig. 60. — Gril pour faire frire les sardines.

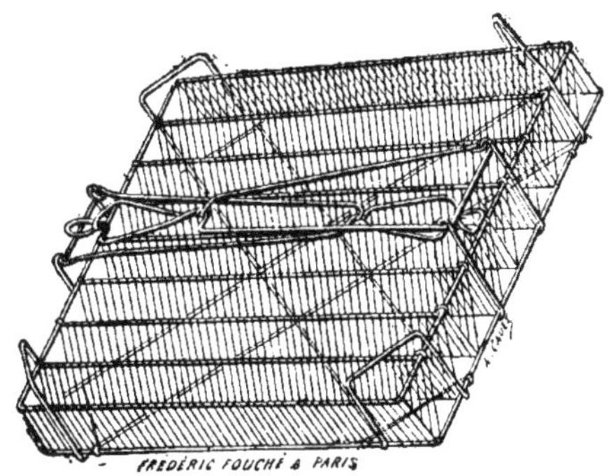

Fig. 61. — Gril pour faire frire les sardines.

Un clou de girofle, 2 grains de poivre blanc, 1 branchette de thym frais ou sec, un fragment de feuille de laurier.

Les boîtes ainsi garnies sont immédiatement soudées, et placées dans l'autoclave que l'on ferme sans le boulonner, en les recouvrant d'eau, puis on chauffe et on amène à ébullition. Il faut :

Une heure un quart de cuisson sans arrêt et sans pression pour les boîtes de 125 grammes ;

Une heure trois-quarts de cuisson sans arrêt et sans pression pour les boîtes de 250 grammes ;

Deux heures de cuisson sans arrêt et sans pression pour les boîtes de 500 grammes à 1 kilogramme ;

Trois heures et demie de cuisson sans arrêt et sans pression pour les boîtes de 750 grammes à 1 kilogr. 500.

La cuisson achevée, on laisse tiédir les boîtes dans l'autoclave jusqu'à ce qu'on puisse les toucher ; on les passe alors dans la sciure de bois (on retire celles qui ont des fuites, afin de les rendre aux soudeurs) et on les emmagasine.

Deuxième mode (Procédé nouveau, système Fouché). — Tout se fait mécaniquement : chauffage de l'huile et séchage.

Au point de vue économique, le chauffage de l'huile par la vapeur donne de plus beaux résultats et des produits de premier choix ; pour l'ouvrier le procédé est plus sain, car l'odeur de la friture ne le prend plus à la gorge, comme avec l'ancienne manière.

Après le salage, lavage, l'étêtage, la mise en panier et l'égouttage, le poisson est introduit dans le séchoir à chariot où on le laisse le temps voulu pour qu'il soit bien sec, malgré toutes les intempéries.

Au sortir du séchoir (Voyez *Outils*), on fait frire le poisson dans une bassine contenant l'huile et chauffée à la vapeur ; on achève par la mise en boîte, comme il est indiqué pour le procédé ancien.

Troisième mode (système Fouché). — Après les

opération préliminaires, le poisson ayant été égoutté, on l'introduit avec le panier dans le séchoir précédent; après le séchage dans cet appareil, on range les sardines sur des grils que l'on place dans le cuiseur ou chambre de vapeur, ce qui se fait du reste automatiquement. Après fermeture du cuiseur, on ouvre le robinet de vapeur; une minute suffit pour la cuisson, on les laisse ressuyer, on les retire de l'appareil et on met en boîtes comme d'habitude.

Ce procédé rapide et économique, puisqu'il supprime l'emploi de l'huile pour la friture, est beaucoup moins délicat, mais il permet de préparer une grande quantité de sardines à la fois.

Quatrième mode (Pour les pays chauds). — Même travail que précédemment, jusqu'au séchage définitif, qui se fait à l'air libre, avant de passer le poisson dans la chambre de cuisson et terminer comme d'usage.

A la russe. — Préparée en Allemagne, du côté de Kiel, cette sardine est aussi grosse que les Royans.

Les opérations sont identiques à celles indiquées pour les *harengs marinés*, sauf que dans la saumure on ajoute une certaine quantité de cassonade afin que la sardine ne se dessèche pas trop. (Voir *Harengs marinés*.)

Marinées. — Après le saumurage, procéder exactement comme pour les *harengs marinés*. Cette conserve de sardines est excellente et peut se faire dans les ménages.

A la provençale. — On opère comme pour la *sardine à l'huile*, jusqu'à ce que tout le travail soit terminé; puis, on prépare la composition suivante, hachée finement : *ail*, *échalotes*, *persil*, *ciboulettes* et quelques feuilles de *basilic;* le hachis fait, on le met dans un linge un peu fort et on tord pour en exprimer le jus. On met une pincée de ces aromates dans chaque boîte, on soude et on met dans l'autoclave : même durée de cuisson indiquée pour les sardines à l'huile.

Aux cèpes. — Même travail pour la cuisson ; au moment où on range les poissons dans les boîtes, on met entre chaque lit des tranches de cèpes cuites au beurre et coupées très minces.

Les boîtes remplies sont achevées comme les sardines à l'huile, soudées et mises à l'autoclave. Même durée de cuisson.

Aux truffes. — Mêmes opérations; seulement on choisit les plus belles sardines, on les range dans les boîtes, on les aromatise et sur le dessus on place des lames de truffes crues ; on soude et on cuit à l'autoclave comme d'ordinaire.

A la bonne femme. — Mêmes opérations que pour le thon. (Voir *Thon à la bonne femme.*)

Aux tomates. — On prépare un coulis de tomates fraîches, aromatisé d'*oignons*, *thym*, *laurier*, *sel*, *poivre* et d'une pointe d'*ail ;* on fait cuire, en faisant réduire suffisamment et, après passage au tamis à purée, on repasse au tamis fin ; on lie avec du beurre bien frais.

D'autre part on a fait frire les sardines soit au beurre soit à l'huile ; on emboîte et on remplit les boîtes avec la sauce indiquée plus haut ; on soude et on met dans l'autoclave ; la cuisson est de une heure et demie pour les boîtes de 250 grammes, deux heures pour celles de 500 grammes.

Au naturel. — Les sardines ayant subi toutes les opérations indiquées pour la mise en boîtes sont rangées dans celles-ci, sans aromates, ni beurre, ni huile, ni jus, puis soudées.

Cette préparation demande une heure et demie de cuisson à l'autoclave.

Au beurre. — Faire frire au beurre clarifié, emboîter, puis remplir les boîtes avec du beurre fondu et clarifié.

Grillées. — On se sert d'un gril double que l'on place sur de la braise ou des cendres bien chaudes. Après avoir huilé les grilles, on huile également les poissons et on les place sur le gril sans qu'ils se touchent ; dès qu'ils sont cuits d'un côté, on retourne le gril. La cuisson terminée on retire les sardines pendant qu'elles sont chaudes, pour ne pas déchirer les peaux, on emboîte, on couvre d'huile ou de beurre clarifié, on soude et on place dans l'autoclave. Même cuisson que pour les sardines à l'huile.

LE SAUMON

On opère sur du poisson frais ou conservé à la saumure, et autant que possible du saumon assommé, le goût étant bien meilleur que celui qu'on laisse mourir à l'air.

A l'huile. — Le saumon de choix se range dans des boîtes ovales de 250 grammes à 1 kilog. et même plus. Après écaillage, on vide le poisson sans le fendre, on lave à l'eau de mer ou à l'eau salée, puis on le coupe en tranches ni trop ni trop peu épaisses, que l'on précipite dans un bain de saumure à 25 degrés.

Les morceaux de 500 grammes y sont laissés pendant 40 minutes, ceux de 1 kilog. 60 minutes ; si les morceaux sont plus gros on augmente cette durée d'autant. On laisse ensuite égoutter et sécher à l'air le plus longtemps possible, en les enfilant dans des baguettes minces. On fait frire dans une friture tiède, dans des paniers longs disposés à cet effet. Pour éviter le collage de la chair contre les grils des paniers, on dépose les morceaux (darnes) sur des papiers huilés, et entre eux, on place également des bandes de ce même papier.

La cuisson doit se faire à feu doux, car le saumon ne doit pas se colorer, ni être frit; quand il est à point, on laisse refroidir et égoutter sur des tables à dos d'âne; le poisson pour être mis en boîte doit être bien égoutté et ferme. On pare les morceaux, on remplit les vides de l'estomac et on emboîte, en aromatisant comme pour les sardines à l'huile; on couvre d'huile fine, on soude et on range les boîtes dans l'autoclave. Il faut (sans pression) une heure et demie de cuisson pour les boîtes de 250 gram.; une heure trois quarts pour celles de 500 grammes; deux heures pour celles d'un kilog, etc., etc.

A la sortie de l'autoclave, rafraîchir longtemps.

Salé. — Le saumon salé est très aisé à faire et c'est même une conserve qui devient de plus en plus dans nos usages.

On prépare une saumure à 25 pour 100, contenant 5 grammes de sel de nitre par litre d'eau.

On y plonge le saumon, soit entier, soit en deux ou quatre morceaux et on les y laisse macérer pendant 48 heures. On les retire alors de cette saumure, on les fait égoutter et sécher à l'air, puis on les range par lits dans des saloirs *ad hoc;* chaque lit est recouvert d'une bonne couche de sel, et ainsi de suite jusqu'à la fin.

Au moment de l'emploi, faire dessaler et servir comme le poisson frais.

Au naturel. — Pour cette conserve on emploie des boîtes rondes ou des flacons. Au sortir de la saumure, comme il est indiqué pour le saumon à l'huile, on remplit les boîtes de morceaux réguliers, on assaisonne et on aromatise, sans huile, ni jus ordinaire, mais avec de l'eau contenant 2 grammes d'alun par litre, et rien que pour remplir les vides des boîtes.

Souder. Mettre à l'autoclave sous pression à 102 ou 104

et faire bouillir : deux heures pour les boites de 500 gr. ; trois heures pour celles de 1 kilog.

L'ébullition terminée, rafraîchir longuement.

Au vin blanc. — Quand les morceaux (darnes) de saumon sont retirés de la friture, on les fait ressuyer, égoutter soigneusement, puis sécher à fond pendant un jour ou deux ; d'autre part on prépare un jus composé de : têtes, queues et débris de poissons que l'on fait bouillir dans moitié eau, moitié vin blanc ; on y met légumes et aromates ; on fait bouillir deux heures, à feu doux, on passe dans une serviette fine.

On aromatise les boîtes préalablement remplies avec les morceaux de saumon, on y ajoute gros comme une noix de gélatine blanche, ramollie à l'eau ; on jute avec le jus préparé à part, on soude et on met en ébullition dans l'autoclave.

Même durée de cuisson que pour le saumon à l'huile.

Pour pâtés. — Pour cette conserve, et après refroidissement, on emploie les têtes, queues, etc., que l'on nettoie convenablement ; on met toutes les parties bien en chair en boîtes, sans huile ni jus ; on soude et on donne deux heures de cuisson à l'autoclave ; deux heures et demie au bain-marie ordinaire.

Cette réserve constitue le fond des pâtés de saumon, très recherchés des cuisiniers.

LA SOLE

Pour enlever les filets des soles, qui seuls peuvent se mettre en conserve (quoiqu'on puisse les conserver aussi entières) ,il faut une main experte ; néanmoins en peu de temps on peut arriver à faire très rapidement cette opération. Voici comment on procède : on fend la sole, de l'arête à la queue, sur une face, puis, en biaisant, on détache les chairs, en opérant toujours de droite à gauche ; on recommence la même opération sur l'autre face et il ne doit alors rester que la tête et la queue, d'une part, et de l'autre quatre filets à peu près de même grandeur. On enlève ensuite la peau, ce qui se fait avec un couteau de cuisine bien tranchant.

Les filets ainsi obtenus sont mis pendant 12 minutes dans la saumure à 25 pour 100 ; on égoutte sur un tamis ; on les double ensuite en les collant fortement l'un sur l'autre ; on les dépose dans le panier à sardines pour les faire sécher ; cette opération achevée, on roule les filets dans la farine, on les met dans le panier à friture et on fait frire à feux doux, sans les laisser roussir, car il faut qu'ils soient bien blancs.

Avec ces filets ainsi préparés on prépare les *soles au gratin* et au *vin blanc.*

Au gratin. — On range les filets dans des boîtes plates et longues et on remplit les vides avec le gratin suivant, bien haché et cuit durant une bonne heure, avec les têtes, les queues et les arêtes des soles (mais pas les peaux), que l'on réserve à cet effet : *oignons, ciboulette, persil,* une *pointe d'ail, poivre, sel* et *muscade;* comme liquide, moitié *eau*, moitié *vin blanc.*

Après cuisson, on passe à l'étamine puis à la serviette et on jute les boîtes, qui sont ensuite soudées et livrées à l'ébullition dans l'autoclave pendant une heure un quart à 104 degrés de pression pour les boîtes de 500 gr. ; deux heures pour celles de 1 kilogramme.

Aux champignons. — Même procédé que la sole au gratin, si ce n'est qu'on ajoute, au moment d'emboîter, des champignons finement hachés. Même durée de cuisson.

A la normande. — De même que la sole au gratin, celle à la normande se prépare en ajoutant des moules;

des huîtres, des champignons et des truffes (ces deux derniers finement hachés). Les huîtres et les moules doivent être cuites dans leur eau. Même durée de cuisson.

Au vin blanc. — Le jus à mettre dans les boîtes se prépare ainsi :

Vin blanc, arêtes et *queues des soles, oignon, persil, poivre, sel muscade*, une pointe d'ail. Après une heure de cuisson, passer à la serviette, puis faire réduire cette composition, en y ajoutant quelques feuilles de gélatine, sans les faire fondre sur le feu, et en employant des ustensiles émaillés.

On range les filets dans les boîtes, on soude et on laisse à l'autoclave le même temps que les autres préparations.

LE THON

A l'arrivée à l'usine où on apporte le thon, vidé, étêté, ayant déjà séjourné dans la saumure, on le taille en tronçons épais, que l'on jette dans des baquets contenant une saumure à 25 pour 100 ; de cette manière la chair en est encore plus blanche. Les morceaux y restent deux ou trois heures.

A l'huile. — D'autre part on prépare une autre saumure à 25 pour 100, que l'on fait vivement bouillir et dans laquelle on précipite les tronçons de thons ; on arrête alors l'ébullition, les tronçons doivent y rester vingt minutes ; on les laisse refroidir dans leur bouillon, qui, pendant l'opération aura été soigneusement écumé.

Après refroidissement, on retire le thon du liquide, à la main, sans le briser, et on le met à sécher, jusqu'à ce qu'il ait perdu toute humidité.

On enlève alors les peaux noires, les arêtes, etc. ; on emboîte avec des morceaux aussi réguliers que possible ; on aromatise de *girofle*, *laurier*, *oignon* et *persil*, on recouvre d'huile fine, on soude et on donne la même cuisson que pour les sardines.

Rien n'empêche d'ajouter aux aromates : *champignons* et *truffes ;* les produits n'en seront que plus savoureux.

On peut préparer le thon avec une *sauce tomates* ou en *matelote* au vin blanc ou rouge, ou encore de la manière suivante.

A la bonne femme. — Le thon ayant été passé à la saumure pendant une heure seulement, dès l'arrivée à l'usine, on le coupe en tranches épaisses de deux doigts ; ces tranches sont débarrassées des peaux et des arêtes et mises dans le gril à friture, puis plongées dans l'huile bouillante, sans pourtant que le poisson puisse y prendre couleur.

Au sortir de la friture, on laisse égoutter complètement.

Pendant ce temps on prépare d'autre part un jus composé ainsi qu'il suit :

Beurre.	125 grammes ;
Vin blanc	1 litre.
Vinaigre.	1 grand verre.

Comme aromates : *sel*, *poivre*, *muscade*, *persil*, *oignons*, une pointe d'ail ; sans que ces ingrédients dominent.

On met sur le feu une bassine émaillée ; on fait fondre le beurre, et on y incorpore une certaine quantité de farine, afin de lier simplement le vin qui y sera versé petit à petit et en tournant sans cesse. Le mélange achevé, on introduit les aromates indiqués, du poivre en grain, et le verre de vinaigre.

Lorsque la réduction est cuite sans être épaisse on

passe à l'étamine et on remet sur le feu, pour réduire encore.

D'autre part, le thon étant égoutté, on range les morceaux dans les flacons ou dans les boîtes, on termine par quelqués tranches de citron très minces, débarrassées de leur peau extérieure, et on remplit avec le jus réduit. On soude et on met à l'autoclave :

Une demi-heure pour les boîtes de 250 grammes; 3/4 d'heure pour celles de 500 grammes; une heure pour celles d'un kilogramme; une demi-heure de plus pour les flacons.

La sauce de cette conserve donne au poisson un goût spécial qui sera très apprécié des gourmets, le jour où on l'introduira dans le commerce. On peut faire une conserve *tout aussi bonne sans vin blanc*; dans ce cas le prix de revient serait moins élevé et abordable à toutes les bourses.

CONSERVES DIVERSES DE POISSONS

Bouillabaisse. — Dans le Midi, notamment à Marseille, on fait grand cas de cette soupe composée de poissons de mer très divers : grondins, mulets, vives, Saint-Pierre, rascasses, rougets de roches, homards et langoustes frais. Voici comment on procède :

Dans une marmite en fonte émaillée, ou mieux en terre, posée sur un feu ardent, on met : oignons blancs coupés en morceaux, quelques gousses d'ail écrasées, la quantité d'huile nécessaire, un bouquet de thym, de laurier et de persil; faire frire légèrement, puis ajouter eau et vin blanc par parties égales, le poisson préalablement nettoyé, et quelques tomates bien mûres, coupées en morceaux et débarrassées de leurs pépins. On ajoute à cette mixture un peu de safran, poivre, sel, et on laisse bouillir cinq minutes.

Les poissons sont mis en boîtes à chaud et le liquide sur le feu ; on laisse réduire aux trois quarts et on jute les boîtes avec cette composition toute bouillante. Il faut que la soudure soit faite pendant que les boîtes sont bien chaudes ; on met à l'autoclave fermé :

Une heure pour les boîtes de 500 grammes ; une heure et demie pour celles d'un kilogramme.

Au moment de l'emploi, les boîtes sont mises sur le feu, dans de l'eau bouillante, pendant une demi-heure, puis on les ouvre et on sert de suite.

Le caviar. — Le caviar est un produit russe qui ne se fabrique pas en France ; mais dans le Midi on fabrique la *Poutargue*, qui remplace cette conserve d'œufs d'esturgeons, si recherchée des gourmets russe.

TROISIÈME PARTIE

LE GIBIER

CHAPITRE PREMIER

Les bécasses. — De tous les gibiers, la bécasse est celui que les amateurs recherchent le plus. Les fabricants de conserves ne doivent donc pas négliger cet oiseau qui se chasse en octobre. En voici les diverses préparations :

Au gratin. — On plume, on flambe et on vide complètement les bécasses ; on en retire seulement le gésier ; on les entoure de bardes de lard frais, on ficèle afin qu'elles ne se détachent pas ; on rentre la tête par le bec dans l'intérieur du cou.

D'autre part, on prépare une farce, composée des intestins finement hachés et préalablement nettoyés ; on fait cuire légèrement avec de l'oignon dans le beurre, de manière que celui-ci soit bien cuit; on y ajoute un peu de glace de viande et une cuillerée à café de chapelure blanche. La cuisson terminée, on passe au tamis et des résidus on bourre l'intérieur des bécasses, que l'on ferme avec une petite barde de lard. On procède alors au rôtissage des bécasses, qui, une fois bien dorées, sont déposées sur une barde de lard et debout dans la boîte. On soude et on met à l'autoclave pendant 50 minutes. On laisse refroidir dans l'eau, puis on rafraîchit. Au moment de s'en servir, on retire les bécasses des boîtes, on en sort la farce avec une petite cuiller; on l'étend régulièrement sur une tranche de pain grillé, de la grandeur du gibier, on pose le tout sur un plat, on arrose avec le fond de la boîte; on sale légèrement et on sert avec un bouquet de cresson.

Truffées. — La préparation est la même que la précédente, elle varie par les truffes qui sont introduites dans l'intérieur des bécasses, lorsque celles-ci ont été vidées. Les truffes sont gelées et cuites dans le saindoux. (*V. Faisans truffés.*) Au lieu de lard, les bécasses sont enveloppées dans de la crépine et on les met au four pendant 15 minutes, le temps de bien les faire colorer.

On emboîte à chaud en mettant au fond et au-dessus des boites une barde de lard ; on soude et on met à l'autoclave pendant une heure.

Quant aux intestins, mis à part, ils servent à faire la farce dont nous avons parlé plus haut, ou, si l'on en a de trop, on la met en boîte, on soude et on lui donne le même temps de cuisson que pour le gibier.

Ces bécasses se servent avec des petits croûtons taillés en cœur et grillés au beurre, qui, dès qu'ils sont cuits, sont beurrés avec la farce.

Les bécasses se font réchauffer au four pendant vingt

à vingt-cinq minutes, puis elles sont servies entourées des croûtons indiqués.

A la broche. — On bourre et on barde les bécasses avec des feuilles de vigne, si on en a, et sans les vider; on met dessous des tranches de pain grillées, qui recevront le jus qui en coulera, et on met à la broche.

Dès qu'elles sont bien dorées, on les emboîte, en mettant dessus et dessous des bardes de lard; on soude et on donne une heure de cuisson à l'autoclave.

Au moment de servir, on retire les bécasses des boîtes, après quinze à vingt minutes de séjour au four assez chaud, pour les réchauffer.

Rôties ou farcies, *a l'anglaise*. — On procède comme pour les bécasses au gratin, mais la farce est différente et se compose de : les intestins, lard (à peu près un tiers), persil, échalotes, sel, poivre, muscade, que l'on hache très finement. On introduit ensuite cette farce dans l'intérieur des bécasses; on ferme les ouvertures, on barde et on pare comme d'usage et on les met à la broche; dessous on place des rôties pour recevoir le jus, et on donne une demi-heure de cuisson.

On emboîte, comme pour les autres préparations, on soude et on donne 45 minutes de cuisson à l'autoclave.

Ce gibier, au moment de l'emploi, se sert avec une sauce demi-piquante.

En terrine à l'ancienne mode. — Après avoir plumé et flambé les bécasses sans les vider, on les pique de gros lard. D'autre part on fonce une braisière de tranches de lard, de tranches de bœuf battues; on assaisonne de sel, poivre, persil, oignons coupés, carottes, panais, ciboules entières, un peu de basilic et d'épices; les bécasses, le ventre en bas, sont déposées sur le tout, en conservant une partie de l'assaisonnement qui sera mis dessus; on couvre de tranches de bœuf et de lard, on met le couvercle et on enfourne ; cuisson une demi-heure.

D'autre part on fait une sauce composée de : lard et jambon coupés en dés, ciboules, persil haché et champignons émincés ; on mouille avec du bon bouillon ; quand la sauce est bien cuite, on la passe à l'étamine, on la remet sur le feu avec poivre et sel, un peu de coulis de jambon ou de veau, ou du beurre d'anchois manié de farine et une cuillerée à café de câpres. On laisse mijoter à feu doux jusqu'à liaison.

Les bécasses cuites sont mises dans les boîtes, que l'on remplit avec la sauce faite à part ; on soude et on les introduit dans l'autoclave, où on les laisse pendant 50 minutes.

A l'emploi, on fait réchauffer au bain-marie, dans la boîte, et après ouverture on sert sur un plat et très chaud.

Salmis. — On prend, pour confectionner les salmis, les bécasses de deuxième choix et on les fait rôtir à demi-cuisson.

On découpe, on range en boîtes avec les carcasses, les parures et l'intérieur en pilant légèrement le tout ; et on jute avec une sauce brune ; on ajoute sur l'ensemble truffes et champignons cuits, on soude et on laisse à l'autoclave : 1 heure par boîte de une bécasse ; 1 h. 20 pour celles en contenant deux.

On sert sur des croûtes grillées comme les bécasses aux truffes.

Galantine. — On choisit des bécasses fraîches et saines, que l'on désosse à la russe en conservant les pattes ; on les vide et les intestins nettoyés sont mis à part. D'autre part, on prépare une galantine composée de : une partie de blanc de bécasses, les intestins, autant de veau que de gibier, un peu de lard frais ; on hache le tout en y introduisant sel, poivre, fines herbes. Le hachis finement exécuté, on y ajoute des lardons grossièrement coupés et un peu d'épices, on bourre les bécasses en y introduisant quelques rondelles de truffes, des morceaux de foies gras cuits.

Les bécasses sont alors ficelées, garnies de bardes de lard et mises au four. Après une demi-heure de cuisson, on emboîte à chaud, on ajoute une tête par bécasse, on remplit la boîte de saindoux clarifié avec partie égale de graisse de veau blanche; on soude et on met à l'autoclave : 1 h. 1/2 par bécasse. Cette formule peut également se modifier en remplissant la boîte avec de la gelée clarifiée et très collée.

On laisse refroidir dans l'autoclave et on rafraîchit comme d'usage.

Au beurre. — Les bécasses à la broche (voir cet article) sont emboîtées et entourées de beurre clarifié. Même temps de cuisson à l'autoclave.

En terrines. — Même préparation que les *perdreaux en terrines* ou en boîtes. (Voir cet article.)

En pâtés. — Même manière de procéder que celle indiquée pour les perdreaux, si ce n'est qu'on y ajoute en plus des truffes.

Bécassines rôties. — On en met deux, trois ou six par boîte, on remplit l'intérieur avec un gratin composé comme pour les bécasses farcies, en y ajoutant quantité égale de chair de lièvre ou de chevreuil hachée finement et bien assaisonnée. On barde et on fait rôtir pendant 10 minutes ; on met en boîtes et on soude. La cuisson à l'autoclave dure 50 minutes pour les boîtes de deux bécassines ; 1 heure pour celles de six.

On rafraîchit longuement.

Les Bécassons. — Supportent les mêmes préparations indiquées plus haut; on en fait des galantines, des pâtés ou des garnitures. (Voir ces articles.)

CHAPITRE II

LES CAILLES

Choisir des cailles bien grasses ; on les plume, on les vide, en coupant têtes et ailes, mais en conservant les pattes. Et on procède à la fabrication.

Rôties. — Les cailles préparées sont enveloppées d'une feuille de vigne, puis par-dessus d'une bande de lard ; on fait rôtir à la broche ou à four vif pendant 10 minutes. On met ensuite en boîtes par deux, quatre et six, on les arrose d'un peu de beurre clarifié, on ajoute un grain de genièvre, on soude et on met à l'autoclave : 1 h. 10 pour les boîtes de deux ou quatre cailles ; 1 h. 20 pour celles de six ou huit.

Au beurre. — Les cailles rôties sont mises en boîtes et couvertes de beurre frais, un peu salé et bien clarifié ; on soude et on met à l'autoclave. Même temps de cuisson que pour les cailles rôties.

Aux truffes. — On plume, on vide et on désosse des cailles bien fraîches. Avec les foies, on prépare un hachis composé d'autant de chair de porc, persil, ciboulettes, une échalote ; on passe au beurre et on fait cuire complètement ; en retirant du feu on ajoute un peu de chapelure et un œuf entier pour six cailles. On remplit complètement l'intérieur du gibier, on ficelle en l'enveloppant de bardes de lard et on met au four pendant 10 à 12 minutes pour laisser prendre couleur ; on trempe alors les cailles dans du beurre clarifié ou on les en arrose, on emboîte, on soude et on laisse à l'autoclave : 45 minutes pour une caille ; 55 minutes pour deux ; 1 h. 10 pour trois ; 1 h. 20 pour six. A l'emploi, on sert chaud.

Aux petits pois. — Les cailles sont cuites pendant dix minutes dans du bon bouillon de bœuf, bien assaisonné ; on les retire du feu, on ajoute au bouillon un peu de lard de poitrine salé, 3/4 de litre de petits pois blanchis et reverdis ; on lie avec un peu de farine ou une noix de roux blanc, on ajoute un peu de quatre épices, mais pas de sel. On emboîte les cailles et on remplit les boîtes jusqu'aux bords, avec les petits pois et le jus ; on soude et on laisse à l'autoclave le même temps que pour les cailles aux truffes.

A l'emploi on sert chaud.

A la cendre. — Les cailles sont désossées comme il est indiqué pour les bécasses. (Voir *Galantines de Bécasses.*) On les remplit avec la farce suivante :

Foies gras de canards, d'oies ou de poulet, filets de porc frais ; on ajoute les foies des cailles, et autant de truffes crues ; on hache le tout et on assaisonne avec un peu de sel, épices et fines herbes. La cuisson de cette farce étant terminée, on en remplit les cailles et on les enveloppe, sans les ficeler, dans une croûte à pâté en ayant soin de bien joindre les jointures ; on entoure chaque caille d'un cercle de fer blanc de même diamètre que les boîtes et on met au four chaud, après avoir doré le dessus de la pâte avec un jaune d'œuf. La pâte ayant pris une belle couleur dorée, au sortir du four on enlève les cercles de fer blanc, on emboîte les cailles avec la pâte, par une, deux, trois ou quatre, on soude et on met à l'autoclave : 1 heure pour une caille ; 1 h. 35 pour trois ; 1 h. 45 pour quatre cailles. A l'usage, cette conserve se sert froide.

En pâté. — On opère comme pour la galantine de bécasses, mais on y ajoute des truffes noires cuites et des fragments de foies gras. On remplit les cailles désossées d'avance ; on emboîte en entourant celles-ci avec la farce ; on soude et on donne le même temps de cuisson à l'autoclave que ci-dessus.

En ballotines. — Les cailles, étant préparées comme celles en pâté, sont enveloppées dans une mousseline, en leur donnant une forme allongée ; on ficelle et on fait cuire 20 minutes au four, dans une braisière couverte ; on laisse ensuite refroidir sous presse.

On retire alors les mousselines qu'on remplace par une baudruche ou un boyau, on emboîte, on recouvre de saindoux clarifié ou de gelée clarifiée et bien assaisonnée ; on soude et on met à l'autoclave où on les laisse 1 heure pour les boîtes de une ballotine ; 1 h. 40 pour celles de trois.

A l'usage, on fait chauffer au bain-marie, on déboîte, on retire la baudruche ou le boyau, on sert avec une sauce chaud-froid et des croûtons bourrés de gelée clarifiée.

CHAPITRE III

LE CHEVREUIL

Pour cette préparation on choisit les parties bien en chair du chevreuil, on les dépouille, on les lave et on les essuie vivement et soigneusement surtout, pour les débarrasser des poils.

On désosse, on dénerve et on pique avec des lardons, puis on fait rôtir à feu vif et à demi-cuisson, de manière que les chairs soient seulement saisies.

Avec les os et les nerfs on confectionne un jus coloré, en mouillant avec les eaux de cuisson des champignons ou avec du vin blanc mélangé par parties égales avec de l'eau, on lie au roux brun et on laisse mijoter une bonne heure. Les noix, piquées et rôties, sont mises en boîtes ; on garnit avec des quenelles, des godiveaux ou des chipolatas, on jute avec la sauce préparée plus haut, on soude et on passe à l'autoclave où on les laisse : 1 h. 40 pour les boîtes de 1 kilog ; 1 h. 15 pour celles de 500 grammes.

Noix au naturel. — On remplace la sauce indiquée ci-dessus par du beurre fondu clarifié ; on aromatise avec laurier, thym, persil et ail. Même temps de cuisson que précédemment.

Filets. — Même préparation ; on garnit les boîtes soit au naturel, soit avec la sauce indiquée. Même cuisson à l'autoclave.

Côtelettes. — On pare les côtelettes de chevreuil comme celles de mouton ; on les passe au beurre pour les faire raidir ; on emboîte dans des récipients plats et on jute avec une sauce poivrade. (Voyez *Sauces*.)

On soude et on met dans l'autoclave ; la durée de cuisson est semblable à la précédente.

Civet (1re manière). — On opère sur 10 kilogr. à la fois, mais pas plus.

D'une part, on désosse les morceaux du cou, poitrine et épaules ; de l'autre, avec les os, on procède à la confection de la sauce.

Dans une bassine à fond plat, on met :

1 kilog. de beurre on de graisse d'oie clarifiée ;

1 — 250 grammes de farine de 1er choix.

On fait un roux, qu'on laisse bien colorer, sur un feu doux ; ceci fait, on y roule tous les morceaux de chevreuil désossés, en les remuant avec une spatule en bois ; on laisse cuire sans retirer du feu, pour que la viande devienne ferme ; puis on mouille avec du vin rouge (8 litres) et autant de jus de viandes ou de cuissons de champignons.

On agite sans cesse jusqu'à ébullition du liquide, en assaisonnant avec 500 grammes de sel et un peu d'épices. On laisse mijoter pendant une demi-heure.

Dès que les morceaux ne sont plus saignants, on les retire du jus, dans lequel on ajoute : *oignons*, *laurier*, *échalotes*, *une gousse d'ail* et *thym ;* on fait recuire assez longuement ce mélange, pour que l'oignon soit bien cuit ; on écume.

Si la sauce est trop épaisse on y ajoute de l'eau ou du vin.

D'autre part, les morceaux de viande, déposés dans une terrine, ont été rangés dans les boîtes ; avec des lardons salés de poitrine et blanchis ; des petits oignons glacés à la poêle et quelques champignons émincés ; on jute avec la sauce préparée plus haut, en ayant soin de la passer à l'étamine ; on soude et on place les récipients dans l'autoclave pendant 2 heures pour ceux d'un kilog. ; 1 h. 40 pour ceux de 500 grammes. On les laisse refroidir dans l'autoclave, puis on les sort et on les plonge dans le rafraîchissoir.

Civet au vin blanc (2e manière). — Au lieu de vin rouge, on emploie du vin blanc, ce qui est meilleur, et on opère comme précédemment.

Côtelettes braisées. — Cette préparation se fait de la manière suivante : on pare les côtelettes en les assaisonnant de poivre et sel, et on les met dans un sautoir, avec du bon beurre frais ; on met alors le tout sur un feu vif, et quand les cotelettes sont raffermies d'un côté on les tourne de l'autre. Toute cette opération doit se faire vivement.

On range ces côtelettes dans des boites plates, on garnit les vides avec des champignons et des petits oignons glacés à la poêle et on jute avec une sauce piquante ; on soude et on donne à l'autoclave le même temps de cuisson que précédemment.

En pâtés et en terrines. — Toutes les parties inférieures du chevreuil qui n'ont pu être utilisées pour les autres conserves, sont réunies et hachées finement en y incorporant un tiers de leur poids, de lard, de graisse de veau ou de bœuf. Le hachis terminé, on assaisonne avec 50 grammes de sel par kilog. et un peu d'épices.

A ce hachis, on ajoute :

Jambon, lard gras et maigre et langues de chevreuil, coupés en carrés de 2 centimètres; on mélange bien le tout.

On met en terrines et au four, ou en boites ; dans le premier cas, on donne 1 heure environ de cuisson à feu doux; dans le deuxième cas, à l'autoclave, il faut la même durée que pour les autres préparations.

Ces mets se servent froids.

CHAPITRE IV

LE FAISAN

Le faisan, qui forme une excellente conserve, demande à être choisi bien frais, en bon état et sans être détérioré par le plomb du chasseur.

Rôti entier. — Après l'avoir plumé et vidé soigneusement, en enlevant les poumons, on bride, on barde et on met à la broche devant un feu vif pendant un quart d'heure. On débroche et on emboîte dans des récipients de bonne grandeur, en posant dessus et dessous une barde de lard salé.

Dans l'intérieur du gibier on a mis, au moment d'emboîter, une feuille de laurier et une parcelle de sauge ; on arrose le faisan, avec un peu de beurre clarifié ; on soude rapidement et on place les boîtes dans l'autoclave.

Les gros faisans sont laissés deux heures et demie à la cuisson à 104 degrés ; les moyens, deux heures ; les faisandeaux, par deux ou trois, dans la même boîte, sont cuits pendant quarante minutes seulement.

On fait refroidir complètement dans l'eau de l'autoclave et on rafraîchit à la fin au rafraîchissoir.

Entier, truffé. — Après l'avoir plumé et vidé, on remplit l'intérieur avec des truffes fraîches et pelées, mais passées d'abord à la poêle dans du beurre et du saindoux, épicé et aromatisé.

Ainsi préparé, le faisan, enveloppé de crépinette ou de papier huilé, est mis au four pendant 20 minutes ; on le retire, on supprime le papier, on emboîte, et on jute avec la graisse de la cuisson, mais sans le jus ; on soude et on donne le même temps d'ébullition à l'autoclave que précédemment.

Il faut environ 250 grammes de truffes pour un gros faisan, 175 grammes pour un moyen, et 100 grammes pour un faisandeau.

C'est une conserve chère, mais dont la vente est néanmoins assurée.

Sauté au madère. — On découpe le faisan en quartiers, on lui retire la carcasse et les os des cuisses ; les morceaux sont mis à la poêle, où on les fait sauter au beurre jusqu'à coloration.

D'autre part, on prépare une sauce madère assaisonnée, dans laquelle on incorpore les débris de faisan, carcasse, os et abatis ; on fait rédnire, on passe et on jute les boîtes dans lesquelles on range les quartiers.

On ajoute des truffes cuites dans la sauce ; on soude et on donne à l'autoclave le même temps de cuisson que pour le faisan entier.

En ballotines. — Mêmes opérations que pour les cailles, mais durée pareille que pour le faisan rôti.

En salmis truffé. — Après avoir fait rôtir à la broche, aux trois quarts, on retire les faisans du feu et on les laisse refroidir.

On découpe ensuite en morceaux, on range dans les boîtes, en y incorporant des tranches de truffes, et on jute avec une sauce brune bien dégraissée, allongée de quelques verres de madère ; on soude et on donne à l'autoclave le temps de cuisson habituel, soit : 1 heure 40 pour les boîtes d'un kilogramme ; 1 heure 15 pour celles de 500 grammes.

Galantines, pâtés et terrines. — On emploie les mêmes moyens, pour tous les gibiers ou volailles ; nous renvoyons donc à l'article *Galantines, pâtés et terrines*, page.

Aux choux. — Même préparation que la perdrix et même temps de cuisson, à l'autoclave, que le faisan rôti. (*V. Perdreau aux choux.*)

En saucisses. — On hache finement toutes les parties charnues du faisan, avec un quart de son poids de lard salé, on épice et on assaisonne convenablement.

D'autre part, on a de la crépinette qui est coupée en morceaux de 10 centimètres carrés ; on roule une partie de hachis, pouvant entrer dans chaque morceau de crépinette ; toutes les saucisses faites, on les met à frire dans la poêle avec du bon saindoux, à peine le temps de les colorer.

On retire les saucisses de la poêle, on les range en boîtes ; on jute avec du saindoux fondu et clarifié ; on soude et on donne à l'autoclave 1 heure et demie de cuisson par kilogramme. On sert chaud.

Le **faisan en purée** se prépare de la même manière, seulement le hachis doit être plus finement fait et sans y ajouter de lard ; on épice suffisamment, en y incorporant des truffes hachés ; on emboîte et on donne 2 heures de cuisson par kilogramme ; se sert à froid.

CHAPITRE V

LES GRIVES

Les grives sont un gibier peu recherché, néanmoins on en tire bon parti dans l'industrie des conserves. Cet oiseau de la grosseur d'un merle se plume et ne se vide pas ; on en retire simplement le gésier ; enfin, il n'est bon qu'au commencement de l'automne, quand il a pu s'engraisser de grains.

Entières, rôties (au genièvre). — On barde largement les grives, on ficelle, on embroche et on fait cuire à feu vif, en les arrosant de beurre fondu ; on laisse 5 minutes.

On les range dans les boîtes (par deux ou six) en y mettant deux grains de genièvre par tête, on jute avec le fond de la lèchefrite et on complète avec du beurre fondu ; on soude et on donne à l'autoclave une cuisson de 50 minutes pour les boîtes de deux grives ; 1 heure 20 pour celles de six.

Pendant l'ébullition, pour que les boîtes ne viennent pas ou ne montent pas à la surface de l'eau, on les charge d'un poids assez lourd. On laisse rafraîchir à l'autoclave, puis au rafraîchissoir.

Aux olives. — Les grives sont cuites au beurre avec jambon cru et un litre de bouillon pour six grives. On laisse cuire 5 minutes, on retire les grives et on emboîte ; d'autre part on fait réduire le jus avec assez de sauce brune, on dégraisse soigneusement et on passe à l'étamine.

On remplit les vides des boîtes avec des olives dénoyautées, on remplit avec la sauce et on donne à l'autoclave le même temps de cuisson que pour les grives rôties. Même manière de rafraîchir.

En salmis. — On opère de même que pour les faisans, puis on range symétriquement dans les boîtes les poitrines et les beaux morceaux ; on garnit avec des têtes de champignons et une truffe cuite ; on sauce bien chaud et on soude. Même temps de cuisson à l'autoclave.

En cerise ou pochées. — On désosse complètement les grives, bien fraîches, c'est indispensable pour qu'elles ne crèvent pas pendant cette opération.

D'autre part on prépare une farce à galantine, dans laquelle on incorpore le gratin, fait avec les intestins hachés menus et passés au beurre ; on assaisonne avec 40 grammes de sel par kilog. et 2 grammes d'épices.

Avec cette farce on bourre les grives, en ayant soin d'introduire vers le milieu une petite truffe et un morceau de foie gras cuits ; on donne ensuite à chaque gibier une forme ronde en boule, en l'enveloppant dans un carré de mousseline que l'on ficelle en tampon. On fait pocher dans une terrine pleine de saindoux en ébullition, au bain-marie ; une demi-heure de cuisson suffit.

On laisse refroidir, on retire de la friture, on resserre les ficelles, s'il y à lieu, et on laisse 12 heures avant d'employer. A ce moment, on retire les mousselines et on enveloppe chaque grive dans un boyau ou dans une baudruche ; on emboîte et on couvre de saindoux ou de gelée parfumée aux champignons ou avec les os du désossage. On donne comme cuisson finale, à l'autoclave, le même temps qu'aux grives rôties. On sert chaud au moment de l'emploi.

En Ballotines. — Mêmes opérations que précédemment, mais au désossage on conserve les pattes.

On farcit de même et on termine comme pour les ballotines de cailles.

Même temps de cuisson à l'autoclave que pour les grives rôties.

Pâtés et terrines. — On opère exactement de même que pour tous les autres gibiers (Voir ces articles.)

CHAPITRE VI

LE LAPIN

Le plus agréable au goût et le plus recherché c'est le *lapin de garenne*, car il se nourrit d'herbes odoriférantes, ce qui en fait un mets très délicat, surtout s'il n'est ni trop jeune, ni trop vieux. On le prépare de diverses manières; nous allons les passer en revue et indiquer les meilleures recettes.

En gibelotte. — Cette manière est classique : on débite le lapin en dés de 50 à 100 grammes environ.

D'autre part on fait revenir, dans une casserole plate, 200 grammes de lard coupé en dés; lorsqu'il commence à se colorer on y mêle les morceaux de lapin et on fait sauter vivement afin de raidir et colorer les chairs et on égoutte. On ajoute, dans la graisse de la cuisson, 50 grammes de farine de première qualité, on laisse roussir, puis, petit à petit, on y incorpore un litre de vin blanc et de bouillon (moitié de chaque), quelques oignons blancs hachés et des échalotes, une pincée de sarriette et de serpolet frais; dès que cette sauce entre en ébullition, on laisse mijoter doucement pendant 10 minutes. On emboîte alors les morceaux de lapin en les parant et en les intercalant avec des champignons, des petits oignons glacés; on jute avec la sauce et on donne à l'autoclave 1 h. 40 de cuisson par boîte d'un kilog.

Au carry. — Cette préparation demande des palais endurcis. On opère comme précédemment, mais à la sauce, on ajoute deux cuillerées à bouche de carry en poudre (pour deux lapins), et 4 jaunes d'œufs, que l'on délaye d'abord dans un peu de jus et, en les incorporant, remuer sans cesse pour qu'ils ne tournent pas. On emboîte à chaud et on recouvre complètement, mais pas jusqu'aux bords des boîtes ; on soude de même, et on ébullitionne à l'autoclave comme précédemment.

Aux petits pois. — Même manière d'opérer que pour la gibelotte, mais au lieu d'oignons et d'échalotes, on met des petits pois blanchis comme pour les conserves, on ajoute quelques petites carottes nouvelles, on laisse cuire le tout ensemble pendant 7 à 8 minutes, on emboîte à chaud et on soude de même. La cuisson à 'autoclave est de pareille durée que précédemment.

A l'anglaise. — Se prépare comme *le lièvre à l'anglaise*. Nous renvoyons à cet article.

En blanquette. — On fait revenir dans le beurre, sans les faire roussir, les morceaux de lapin coupés, comme il est indiqué à la gibelotte, et en recouvrant d'un couvercle pour que les chairs blanchissent et se raffermissent. Ceci fait, on y répand de la farine, on remue bien, on assaisonne de poivre, sel et muscade; on mouille avec du bon bouillon ou avec de l'eau. On laisse mijoter 10 minutes, puis on emboîte à chaud, on soude, et on met à l'autoclave. Même temps de cuisson que pour la *gibelotte de lapin*.

Rôti. — On ne fait rôtir que les râble ou filets, pendant un quart d'heure. On les découpe dès qu'ils sont refroidis, on range en boîte et on répand dessus un peu de beurre clarifié; on soude et on ébullitionne.

Aux truffes. — Les morceaux de râble de lapin rôti sont emboîtés en les parant et en les garnissant de truffes coupées en lames minces; on jute avec une sauce ni trop, ni pas assez rousse; on soude à chaud et on passe à l'autoclave.

Grillé au beurre d'anchois. — Après avoir dépouillé le lapin, on le fend en deux, sans le séparer, on l'aplatit avec le couperet ; on l'enveloppe de papier beurré et on le fait griller sur le gril à biftecks. Lorsqu'il a pris couleur, on retire le papier, on découpe le lapin en morceaux de bonne grandeur et on emboîte; d'autre part, on met sur le feu du beurre frais, assaisonné de sel, poivre et fines herbes; quand le beurre est fondu, on agite bien le tout pour faire le mélange et on jute les boites, à chaud, jusqu'aux bords ; on soude à chaud et on passe à l'autoclave.

A la Marengo. — Le lapin découpé en morceaux

est mis à la casserole avec un peu d'huile, de l'ail, sel et poivre, et on le fait sauter à feu vif pendant une demi-heure; on ajoute alors champignons et truffes cuits et hachés, de la sauce italienne; on laisse cinq minutes encore sur le feu, on emboîte à chaud, on sauce fortement, on soude et on donne le même temps de cuisson à l'autoclave.

En pâtés, en terrines, en galantines. — Nous renvoyons aux articles spéciaux. (Voir *pâtés, terrines et galantines.*)

CHAPITRE VII

LE LIÈVRE

Pour le lièvre on opère comme pour le lapin ; néanmoins, il ne faut pas s'attarder à rechercher les plus tendres, car il faut se contenter de ce que l'on peut se procurer. Après l'avoir dépouillé et vidé, on met de côté les fressures et le sang, car le fabricant doit naturellement opérer sur une assez grande quantité ; le mieux est de ne travailler que six lièvres à la fois, afin de faire de bonne besogne. On détaille comme pour le lapin, en ayant soin de mettre les morceaux au fur et à mesure dans une terrine pour ne pas perdre le sang.

On met dans une bassine 1 kilogramme de beurre ou de graisse d'oie clarifiée ; on y ajoute un kilogramme de farine et, en remuant sans cesse, on fait roussir.

Le roux prêt, on y passe vivement les morceaux de

lièvre, on mouille avec 6 litres de vin rouge, 6 litres de bouillon provenant de la cuisson des champignons ; on ajoute oignons coupés, girofle, thym, serpolet, échalotes et poivre en grains.

On laisse cuire 20 minutes ; on retire alors les morceaux un à un ; on emboîte immédiatement en parant ; la sauce doit se réduire de moitié, on la passe au tamis moyen, on remet sur le feu et on sale convenablement mais pas trop ; on ajoute alors un litre du sang recueilli pendant le dépouillement et le découpage ; on remue à la spatule et on retire la sauce du feu. A ce moment elle doit être d'un brun rouge, mais pas noire.

On ajoute dans les boîtes quelques petits lardons, et des petits oignons glacés à la poêle. On les jute avec la sauce, on soude et on ébullitionne à l'autoclave : 1 h. 40 pour les boîtes de 1 kilogramme ; 1 h. 15 pour celles de 500 grammes.

Râbles piqués. — On retire entièrement les râbles de gros lièvres, on enlève l'épiderme et on les pique de lard salé, non salpêtré ; on les fait rotir à feu vif pendant une demi-heure ; on emboîte (un râble par boîte), on arrose avec du beurre clarifié, on soude et on donne à l'autoclave : 1 h. 40 de cuisson pour les boîtes d'un kilogramme ; 1 h. 15 pour celles de 500 grammes.

A l'anglaise. — On choisit un vieux lièvre, on le découpe comme pour en faire un civet, en conservant cœur et foie, on le met dans une bassine émaillée, on le couvre de bouillon froid et de gelée, ou y incorpore un peu d'oignons et d'échalotes hachés, une gousse d'ail, une cuillerée à café de kary en poudre, sel, poivre et muscade et on fait cuire en mijotant pendant 10 minutes ; pour finir on lie la sauce avec du roux blanc ; on emboîte aussitôt, on soude et on laisse 2 heures à l'autoclave (à 104 degrés). pour les boîtes de 1 kilogramme ;

1 heure 1/2 pour celles de 500 grammes. Se sert à chaud, en recouvrant le plat avec une abaisse de pâte et on laisse revenir le tout au four.

Sauté au bon chasseur. — Pour ce faire, on farcit le lièvre avec un hachis composé de : son foie et d'autres foies, aromates comme précédemment et un bon morceau de beurre ; on coud le ventre, on met à la broche et on fait rôtir à petit feu pendant une 1/2 heure ; on débroche; et une fois refroidi, on divise par morceaux d'un kilogramme environ, que l'on emboîte, que l'on soude, et on met à l'autoclave. Même temps de cuisson à l'autoclave.

Aux haricots. — Même formule que le lièvre rôti ; à l'emboîtage on ajoute soit des haricots verts ou des flageolets blanchis. Même temps de cuisson.

Aux petits pois. — Même procédé que pour les cailles aux petits pois, et même temps de cuisson à l'autoclave que précédemment.

Sauté aux fines herbes. — Le lièvre est découpé en morceaux que l'on fait sauter à la poêle avec 100 grammes de lardons et 100 grammes de saindoux ou de graisse d'oie; on laisse colorer et on retire en conservant la poêle sur le feu. Dans cette cuisson on ajoute du vin blanc en quantité suffisante, du jus de tomates et de la glace de viande. Après 5 minutes de cuisson, on passe ce jus, puis on le remet sur le feu avec de la crème à bouillir; on lie avec du roux et on assaisonne de 40 grammes de sel par lièvre et des épices ; on ajoute alors un hachis de ciboulettes, persil et serpolet frais :

On range les morceaux de lièvre cuits dans les boîtes en les parant, on sauce aux trois quarts avec le jus préparé ci-dessus, on soude et on laisse à l'autoclave aussi longtemps que précédemment.

Au vin blanc. — Se prépare comme le civet, mais

au lieu de vin rouge, on met du vin blanc ; on lie au sang, en y ajoutant un peu de vinaigre, et on garnit les boîtes avec des petits oignons glacés à la poêle. Même temps de cuisson à l'autoclave.

Pâtés et terrines truffés. — On opère comme il est indiqué pour tous les pâtés et terrines. Nous renvoyons donc à ces articles.

CHAPITRE VIII

LES ORTOLANS

Ce gibier très recherché est toujours cher ; l'industriel a tout intérêt à le mettre en conserve.

Voici la meilleure manière de les préparer :

Après les avoir plumés, on les désosse entièrement, à la russe, en ne conservant que les cuisses et les pattes.

On les garnit de la farce suivante :

Chairs de poulets et de dindes broyées et passées au tamis, assaisonnées de 40 grammes de sel par kilog.; on fourre les ortolans à moitié, on introduit dans chacun d'eux une petite truffe cuite, et on achève de les bourrer ; on ploie la peau du cou pour les fermer hermétiquement; on les roule à plusieurs tours dans une mousseline, sans ficeler, on les range sur un gril et on les plonge dans de la graisse d'oie en ébullition, où ils restent à peine 5 minutes, le temps nécessaire pour raffermir les chairs ; on arrête le feu, on retire la friture, et on laisse refroidir dans la graisse dont on ne les retire que lorsque la coagulation va se produire, et on laisse égoutter 12 heures.

Ce travail fait, on enveloppe chaque ortolan dans un boyau, en ficelant chacune des extrémités, on les roule dans une barde de lard frais, et on les range dans les boîtes en les assaisonnant avec laurier, thym, marjolaine, trois grains de poivre blanc et 2 clous de girofle pour deux ortolans; on soude et on donne à l'autoclave : une heure de cuisson pour les boîtes de 6; une heure et demie pour celles de 12.

A la broche. — Après qu'ils ont été plumés, on les enfile dans une brochette, que l'on attache au tournebroche, et on les met devant un feu vif en tournant toujours; on les arrose, en cuisant, d'un peu de lard fondu; la cuisson ne doit pas dépasser 5 minutes. On retire du feu, on barde de lard frais, on range par 6 ou 12 dans la boîte, on ajoute les aromates : truffes, poivre (très peu), sel, thym, laurier; on soude et l'on met à l'autoclave, pendant le même temps que précédemment.

CHAPITRE IX

LES PERDREAUX

On choisit toujours des perdreaux jeunes et tendres, on les plume, on les vide et on procède aux diverses préparations qu'ils doivent subir.

Rôtis. — On les bride et on les enveloppe de bardes

de lard frais, en assaisonnant l'intérieur avec laurier et romarin ; pas de sel, mais du poivre.

On met au four ou à la broche pendant 15 minutes, on emboîte en posant les perdreaux sur une barde de lard frais ; on arrose de beurre fondu clarifié ; on soude et on donne à l'autoclave : 1 heure 20 à 104 degrés pour les boîtes de 1 perdreau, et 1 heure 40 pour celles de 2. On rafraîchit complètement.

Truffés. — La cuisson se fait au saindoux et à petit feu, en assaisonnant les perdreaux avec un peu d'épices sans sel ; on les retire du feu au bout d'un quart d'heure ; on les bourre de truffes cuites à moitié, en les enveloppant finalement avec de la crépinette d'agneau ou de jeune mouton ; on les embroche et on les passe à feu vif pendant un quart d'heure ; on emboîte avec la graisse de la première cuisson ; on soude et l'on donne à l'autoclave à 102 degrés : 2 heures et demie pour les boîtes de 2 perdreaux, 1 heure et demie pour celles d'un seul ; après quoi on rafraîchit longtemps.

A l'étouffade. — On fait choix de perdreaux adultes, on les pique avec des lardons de lard salé ; on assaisonne de poivre, sel, aromates pilés ; on les trousse et on les bride ; on les fait cuire dans une casserole plate avec des bardes de lard, quelques morceaux de veau, des oignons, des carottes nouvelles, un bouquet garni et on mouille avec moitié vin blanc et moitié bouillon. Après une demi-heure de cuisson, on retire les perdreaux pour les faire égoutter, et on laisse cuire le jus jusqu'à réduction d'un tiers ; on emboîte les perdreaux, on jute en mettant dans chaque boîte autant de carottes que d'oignons ; on soude et on donne à l'autoclave 2 heures et demie de cuisson pour les boîtes de deux, 1 heure et demie seulement pour les boîtes d'un seul perdreau.

En ballotines. — Même procédé de conservation et

même travail que pour les ballotines de cailles; la cuisson sera de 1 heure 40 à l'autoclave, pour 1 ballotine; 2 heures pour 2 ballotines.

On fait rafraîchir comme d'usage.

Aux choux. — On choisit des perdreaux trop vieux pour être rôtis ou pour être mis en galantines ou en pâtés; on les fait rissoler pour leur donner couleur, et on les met ensuite à part.

D'un autre côté on fait blanchir à l'eau salée, légèrement, la quantité de choux de Milan nécessaire pour garnir les boîtes; on les fait cuire à moitié, puis on les rafraîchit longuement à l'eau froide; on les remet dans une bassine émaillée avec de la poitrine de porc salé et des saucisses fumées; on laisse mijoter ensemble pendant 1 heure.

On découpe alors les perdreaux, on en range les morceaux dans les boîtes en les alternant avec les choux, une ou deux saucisses; on jute avec 1 ou 2 cuillerées à bouche de beurre clarifié; on soude et on met à l'autoclave, pendant 1 heure et demie, pour les boîtes d'un demi-perdreau, 2 heures pour celles d'un entier. On rafraîchit longuement.

A la choucroute. — Même manière de procéder que ci-dessus; on remplace simplement les choux par de la choucroûte cuite. Même ébullition et rafraîchir après cuisson.

A la chasseur. — On coupe les perdreaux en deux, on sale, on épice, on huile ou on beurre la surface des deux côtés, et on fait cuire sur le gril. Dès que les morceaux ont pris couleur, on les met en boîte et on jute avec la sauce suivante : 50 grammes de jambon (par perdreau) coupé en petits dés; on le fait revenir au beurre avec autant de petits oignons hachés et une échalote; on ajoute une bonne cuillerée de champignons hachés et un peu de persil blanchi, on mouille avec du vin blanc (un verre) et du bouillon (un verre), on laisse cuire 15 à 20 minutes, on lie avec du roux ou avec un peu de farine.

On soude et on donne comme ébullition à l'autoclave : une heure pour un demi-perdreau ; une heure 1/2 pour un entier. Rafraîchir. A l'emploi, on sert après avoir fait réchauffer au bain-marie.

Salmis. — On fait rôtir aux trois quarts ; on découpe ensuite en morceaux, et on opère comme pour les salmis de faisans. (V. cet article.) La cuisson à l'autoclave est de une heure pour les boîtes de 500 grammes et une heure 1/2 pour celles de un kilog.

On rafraîchit copieusement.

Terrines et pâtés. — (Voir ces articles.)

QUATRIÈME PARTIE

LES VOLAILLES

La France est tributaire, chaque année, pour des millions de francs, de conserves de volailles américaines, qui sont loin pourtant de valoir nos produits nationaux. Il nous semble qu'il y aurait fort à faire dans notre pays, avec les excellentes volailles que produisent le Mans, la Bresse, la Bretagne, la Normandie et même une partie du Midi de la France.

Les fabricants auraient tout intérêt à établir, dans ces différents départements, des usines volantes, qui seraient à même de réunir les masses considérables de volailles en conserves, nécessaires à la consommation qui devient de plus en plus courante.

La conserve est certainement la nourriture de l'avenir, si les fabricants consciencieux se contentent d'employer seulement des procédés hygiéniques et sains. En ne mettant en vente que des produits de premier choix, le commerce français pourra arriver à enrayer l'importation extrordinaire qui se fait de produits inférieurs, connus sous le nom de conserves américaines.

C'est au détriment des deniers et de la santé publiques, en France, que se fait cette énorme concurrence, due à l'incurie des commerçants français qui ne veulent pas, ou ne savent pas enrayer le mal.

C'est cependant la France qui a donné l'idée de faire des conserves, grâce aux procédés d'Appert perfectionnés par F. Faucheux, Collin, Corthey, etc., etc.

Nous allons indiquer, ici, les procédés les plus pratiques pour arriver, avec le moins de frais possible, à faire ces conserves si recherchées des consommateurs, et qui le seraient peut-être davantage, si on comprenait en France que les produits français sont et seront toujours plus sains et plus loyalement préparés.

Les conserves de volailles de l'étranger se composent en général de tous les rebuts des poulaillers ; nous pouvons, en France, donner des poulets, dindons, canards, pigeons, etc., dans des conditions inconnues ailleurs ; il suffit de vouloir pour arriver au but et établir enfin cette concurrence, qui est l'âme du commerce, surtout quand cette âme est honnête et loyale ; ce qui ne peut être autrement avec le caractère français.

CHAPITRE PREMIER

LE DINDON OU DINDE

Le dindon est un oiseau de grande taille qu'on ne saurait, que difficilement, mettre entier en conserve ; aussi après l'avoir plumé, vidé et flambé, on met à part toutes les parties que l'on recherche le plus, c'est-à-dire : les blancs de la poitrine, les cuisses, les parties très charnues des ailes et le foie. Après ce travail on procède aux diverses façons qu'on veut lui donner.

Dinde au naturel. — Pour ce faire, on fait cuire, aux trois quarts, les morceaux de dinde, dans un bouillon garni d'aromates, de légumes et d'un peu de sel ; on retire d'abord du liquide les parties les plus minces et ainsi de suite. On range dans les boîtes en les parant, les morceaux, on jute avec le bouillon de la cuisson que l'on fait d'abord réduire d'un tiers, en ayant soin de bien recouvrir; on soude et on place dans l'autoclave où on leur donne deux heures de cuisson, à 102 degrés, pour les boîtes de un kilog., et une heure 1/2 pour celles de 500 grammes.

Dinde rôtie. — On fait rôtir à la broche la dinde entière, en ne l'y laissant que le temps nécessaire pour lui donner couleur; on la découpe ensuite en morceaux réguliers, on les range dans les boîtes ovales, autant que possible ; on aromatise de laurier, thym, grains de poivre et girofle.

Avec la carcasse et les abatis très peu salés, que l'on fait bouillir longtemps, en y ajoutant le fond de la lèchefrite, on fait un jus qui se réduit en gelée, qui sert à garnir les boîtes, au quart seulement ; on soude et on donne à l'autoclave le même temps de cuisson que précédemment.

Ce jus peut être remplacé par du beurre fondu et en même quantité. On laisse refroidir dans l'autoclave.

Dinde à la bourgeoise. — On fait revenir la dinde dans une bassine dans laquelle on met : beurre ou lard fondu, persil, ciboules, champignons, une pointe d'ail, le tout haché finement ; quand la dinde a pris couleur, on ajoute l'assaisonnement, sel, poivre ; on mouille avec un ou plusieurs verres de vin blanc et autant de bouillon ; on fait cuire à petit feu pendant une demi-heure ; on dégraisse et on ajoute un peu de coulis de tomates. C'est le moment de retirer la dinde. Pendant que la sauce continue à cuire, augmentée d'autant de vin et de bouillon que l'on y a mis précédemment, on découpe et on emboîte les morceaux en les parant ; on jute alors avec la sauce réduite, on soude et on donne à l'autoclave le même temps de cuisson que pour la dinde rôtie.

Dinde en daube. — On pique la dinde avec des lardons salés et, après l'avoir troussée et bridée, on la met dans une daubière avec des bardes de lard. On y ajoute la moitié d'un pied de veau (par dinde), des carottes, des oignons, un bouquet garni, poivre, sel et on mouille avec du vin blanc. On couvre la daubière en bouchant le tour du couvercle avec de la pâte et on fait cuire sur le feu doux pendant trois heures, sans découvrir. On retire alors la dinde, que l'on découpe en quartiers pour les mettre dans les boîtes ; quant à la sauce, on la dégraisse, on la passe en écrasant les carottes et les oignons (on peut également les laisser entiers), on laisse recuire un quart d'heure et on jute avec elle toutes les boîtes au tiers (on ajoute quelques carottes et oignons entiers s'il y a lieu) ; on soude et on donne le même temps de cuisson à l'autoclave que pour la dinde rôtie.

Dinde truffée. — Même opération que pour la dinde rôtie ; ce n'est qu'à l'emboîtage que le travail diffère, par l'adjonction des truffes, qui sont placées par lits entre les morceaux. On termine en jutant les boîtes avec un peu du jus de la cuisson que l'on réserve à cet effet dans la lèchefrite. A l'emploi, se sert chaud ou froid. Même temps de cuisson à l'autoclave.

Dinde aux nouilles. — On opère de même que pour la dinde rôtie et au lieu de truffes on met des lits de nouilles cuites à moitié, beurrées et assaisonnées ; on termine avec le jus de la lèchefrite. Même temps de cuisson à l'autoclave. Se mange à chaud, en mettant la boîte dans un bain-marie, pendant 40 minutes.

Dinde à la chipolata. — De même que ci-dessus, en garnissant les vides avec les saucisses dites chipolata. On jute avec une sauce madère chaude, on soude à chaud, et on donne le même temps de cuisson.

Dinde en fricassée. — Même opération que pour la dinde au naturel ; les morceaux, une fois rangés dans les boîtes, sont jutés avec une sauce faite avec le bouillon des os et de la carcasse ; après avoir été passé, on lie ce bouillon avec du roux blanc, comme pour la sauce veloutée, on dégraisse et on verse sur les morceaux rangés dans les boîtes ; on termine par une garniture de petits champignons ; on soude et on donne le même temps de cuisson, à l'autoclave, que pour la dinde rôtie, mais à 100 degrés seulement.

Dinde au brun. — Le procédé est le même que ci-dessus, mais on lie d'une sauce veloutée, on jute avec une sauce brune, mais sans madère ; on soude à chaud, et on donne le même temps d'ébullition que pour la dinde rôtie.

Dindonneau rôti. — On procède de même que pour le dindon, en le piquant de lardons de lard frais ; on met à la broche, on colore à feu vif, on sale ; on découpe et on met à chaud dans les boîtes ; on arrose avec du beurre clarifié (*au huitième de la boîte*), on soude et on donne 3 *heures* de cuisson à l'autoclave pour les boîtes de 1 kilogramme ; 2 *heures* pour celles de 500 grammes.

Dindonneau aux petits pois. — Le dindonneau rôti est mis en boîtes, par morceaux, entre des lits de pois, on jute avec la sauce de la léchefrite, on soude, et on donne à l'autoclave le même temps de cuisson que précédemment.

Dindonneau aux marrons. — Même manière de procéder que ci-dessus, mais on le garnit avec des marrons de Lyon ou des châtaignes préalablement débarrassées de leurs deux enveloppes. — Il faut 3 heures de cuisson à l'autoclave, pour les boîtes de 1 kilogr., et 2 heures pour celles de 500 grammes.

Autres formules. — On peut varier les formules de conserves de dindon et de dindonneau à l'infini, en employant : le céleri, le cardon, les haricots verts et flageolets; aux tomates, aux truffes, aux champignons, etc.

En galantines et en patés. — (Voir les formules indiquées à ces articles.)

CHAPITRE II

LE POULET ROTI

On choisit les poulets aussi tendres que possible ; c'est là une des meilleures chances de réussite; après les avoir vidés, flambés et parés, on les fait rôtir, comme nous l'avons indiqué à l'article *Dindon* et, selon leurs grosseurs, on donne de 1 heure et demie à 2 heures de cuisson à l'autoclave, par kilogr. ; et de 1 heure à 1 heure 1/2 par boite de 500 grammes,

A la Portugaise. — On n'emploie que des poulets jeunes ou de l'année, qui, vidés et plumés, sont coupés en deux, et mis à la casserole avec du beurre ou de l'huile; on ne les laisse revenir que juste le temps pour les colorer de chaque côté, soit pendant 15 minutes environ, et on retire du feu.

D'autre part, dans le jus de la cuisson, on met (par poulet) deux grandes cuillerées d'oignons hachés, deux de jambon cru coupé en petits morceaux, deux gousses d'ail.

On fait cuire à moitié, pendant quelques minutes (7 à 8) ; en remuant sans cesse, on retire alors l'ail, et on ajoute un verre de bouillon, une cuillerée à café de poivre rouge, du laurier et du sel en suffisante quantité.

On pare les moitiés de poulets; en les parant on supprime les os saillants du dos et des pattes, on emboîte (une ou deux moitiés par boîte) en ajoutant quatre petites saucisses par poulet, on sauce avec la sauce chaude, on soude à chaud et on donne à l'autoclave, avec pression à 104 degrés, une cuisson de 1 heure 1/2 par demi-poulet; 1 heure 50 pour les boîtes de 1 poulet entier.

A l'emploi, se sert avec une garniture de riz coloré au safran.

Sauté Marengo. — Se prépare de la même manière que le lapin (Voir *lapin Marengo*) ; on peut ajouter, à la sauce, truffes et champignons, ou l'un ou l'autre, et il faut que la sauce ne soit ni trop épaisse ni trop claire. On donne à l'autoclave le même temps de cuisson que ci-dessus.

A l'emploi, se sert à chaud, en faisant bouillir la boîte fermée au bain-marie pendant une demi-heure, avec une garniture d'œufs frits.

Sauté aux champignons. — Après avoir découpé les poulets on les roule dans la farine et on les range sur un gril à friture, en faisant des catégories : cuisses, ailes, blancs, etc. ; on fait chauffer une bassine avec du saindoux et on fait griller les morceaux les plus gros les premiers et ainsi de suite, en leur donnant une belle couleur. Au fur et à mesure de la cuisson on emboîte, on sauce avec une sauce au madère et on garnit les boîtes avec des champignons fraîchement blanchis ; on soude. Même cuisson que précédemment.

Aux fines herbes. — Les poulets sont préparés comme ci-dessus, mais frits à l'huile ; avant d'emboîter on laisse bien égoutter, et dans chaque boîte on ajoute un peu du mélange suivant :

Cèpes, échalotes, persil, sel et poivre.

On soude et on donne même temps de cuisson.

Aux tomates. — Même genre de cuisson que précédemment ; au lieu de fines herbes, on jute les boîtes avec de la sauce tomates épicée et salée, plutôt claire ; on soude et on donne à l'autoclave : 1 heure 25 minutes pour les boîtes d'un kilogr. ; 1 heure 15 pour celles de 500 grammes.

Aux petits pois. — La préparation se fait comme le poulet rôti ; on remplace la sauce par des petits pois au jus convenablement assaisonnés ; on soude et on donne à l'autoclave le même temps de cuisson que pour le *poulet à la Portugaise.*

Poularde truffée. — On choisit des poulardes bien grasses et en chair ; après les avoir vidées et flambées, on introduit sous l'épiderme des tranches de truffes minces. D'autre part on fait cuire à petit feu, et dans le beurre, des truffes pelées, on sale et poivre, et après avoir laissé refroidir et égoutter, on en bourre l'intérieur des volailles ; celles-ci sont ensuite mises en lieu frais pendant 2 ou 3 jours, pour permettre aux truffes de parfumer les chairs. A ce moment, on enveloppe chaque volaille dans du papier graissé et on met au four où elle doit rester jusqu'à ce qu'elle soit cuite aux trois quarts ; on retire alors le papier, ou emboîte entièrement ou par morceaux, on sauce avec la graisse de la cuisson, on soude et on donne à l'autoclave le même temps de cuisson que le poulet rôti.

Poulardes ou Poulets braisés. — Après avoir plumé, vidé et paré poulets ou poulardes, on les plonge dans une marmite contenant de bon bouillon et on laisse cuire pendant 20 minutes ; on retire et on barde avec du lard frais. On emboîte, on recouvre de 150 grammes de saindoux, en ajoutant 1 feuille de laurier, un peu de thym ; on soude et on donne le même temps d'ébullition que précédemment.

Galantines. — Nous renvoyons à cet article où l'on trouvera tous les détails de la fabrication.

CHAPITRE III

LE CANARD DOMESTIQUE ET LE CANARD SAUVAGE

Toutes les manipulations que nous allons indiquer s'appliquent aussi bien au canard domestique qu'au canard sauvage ; le fumet seul diffère.

Rôti. — On plume, on vide et on flambe soigneusement les canards, on les barde, on les met à la broche devant un bon feu, en les arrosant sans cesse avec du bouillon et un peu de graisse d'oie. La cuisson doit durer 25 minutes.

On emboîte entier ou en plusieurs morceaux ; on jute

avec la sauce qui se trouve dans la lèchefrite ; on soude et on passe à l'autoclave : 1 heure 25 pour les boîtes de 500 grammes ; 1 heure 50 pour celles de 1 kilogramme.

Aux navets. — On emploie, pour cette préparation, le canard rôti comme ci-dessus et on garnit les boîtes avec des petits navets d'égale grosseur, passés au beurre, sur lesquels on jette une cuillerée de sucre en poudre ; quand ils ont pris couleur, en les faisant sauter sans cesse, on les retire de la casserole, on lie le jus avec de la farine et on le laisse roussir sans brûler, en y ajoutant poivre, sel, thym, ciboules et persil haché ; une demi-gousse d'ail et une feuille de laurier.

La sauce étant réduite d'un tiers, on y remet les navets, on leur donne 5 minutes de cuisson, on en garnit les vides des boîtes, on sauce suffisamment ; on soude et on donne à l'autoclave le même temps de cuisson.

Aux petits pois. — Pour cette préparation, on choisit de préférence les canetons bien tendres et bien gras ; après les avoir fait rôtir on garnit les boîtes de moitié morceaux de canard et moitié petits pois. Cuisson à l'autoclave de même que précédemment.

A la choucroute. — Même procédé que ci-dessus ; les pois sont remplacés par de la choucroute cuite à moitié. Durée de cuisson identique à l'autoclave.

A la Bordelaise. — Rôtir les canards comme nous avons indiqué ; d'autre part faire un hachis composé de :

Cèpes, oignons, échalotes et persil, que l'on mélange avec de la chair à saucisses maigre. On en forme des boulettes que l'on entoure de crépinettes, on fait frire au saindoux, à belle couleur.

On range les morceaux de canard dans les boîtes, entremêlés avec des boulettes et quelques cèpes cuits à l'huile, on arrose le tout avec le beurre dans lequel ont été cuits les canards et dans lequel on écrase quelques anchois ; on soude, et on donne le même temps de cuisson à l'autoclave.

Se sert à chaud, après avoir fait bouillir les boîtes pendant 1/2 heure avant de les ouvrir.

En salmis. — On fait rôtir le canard entier dans le beurre, graisse de volaille ou saindoux jusqu'à demi-cuisson ; on laisse refroidir, on découpe et on range dans les boîtes.

Avec tous les débris, os, carcasses, cous, foies, etc., que l'on pile soigneusement, on mélange une quantité suffisante de sauce brune, pour juter les boîtes ; on laisse cuire ensemble, débris et sauce, pendant 25 minutes, on passe au tamis fin, on assaisonne et on garnit les boîtes au tiers, on soude à chaud, et on donne à l'autoclave non fermé : deux heures pour les boîtes de 500 grammes ; 2 heures 1/2 pour celles de 1 kilogramme.

On rafraîchit dans l'eau de cuisson.

Aux olives. — Même travail que pour le canard rôti ; on fait une sauce brune dans laquelle on introduit une quantité suffisante d'olives dénoyautées ; on garnit les boîtes de morceaux de canard, on sauce au tiers, en remplissant les vides avec des olives, on soude et on donne à l'autoclave ; même temps de cuisson que précédemment.

Galantines et pâtés. — Nous renvoyons aux articles *galantines et pâtés*, où on trouvera tous les détails propres à cette fabrication.

Confit à la Toulousaine. — On coupe les canards en deux et on met dans la saumure à 20 pour cent de sel pendant huit heures ; au sortir de la salaison, on suspend les quartiers et on les laisse sécher à l'air ; d'un autre côté, on fait fondre dans une bassine une quantité assez grande de saindoux ou de graisses de volailles, de manière que ce liquide recouvre les morceaux de canard qui y sont laissés à mijoter pendant une bonne demi-heure ; on met alors en boîtes, on sauce avec la graisse de la cuisson, en ajoutant dans chaque boîte une feuille de laurier, 1 clou de girofle et 3 grains de poivre ; on soude à chaud et on donne à l'autoclave 2 heures 1/2 de cuisson par kilogramme ; 2 heures seulement pour les boîtes de 500 grammes.

CHAPITRE IV

L'OIE

Cet oiseau de basse-cour, qui forme un mets recherché, demande un assez long temps de cuisson. Il est une précieuse ressource à la campagne.

Rôtie. — On plume, on vide et on fait rôtir l'oie à la broche à moitié, en l'assaisonnant convenablement ; une fois refroidie, on la découpe en morceaux de bonne grandeur, on emboîte et on arrose le tout avec un peu de bonne graisse d'oie clarifiée ; on aromatise avec une feuille de laurier et de l'estragon. On soude et on donne deux heures de cuisson à l'autoclave.

En daube. — Dans une braisière, on met :

Tranche de veau, jarret de veau, un morceau de beurre, carottes, oignons, persil, thym, laurier, clous de girofle ; on enveloppe l'oie dans des bardes de lard, et on la dépose sur cette garniture ; on ajoute un quart de litre de bouillon et on fait cuire au four à l'étouffée pendant trois heures, en lutant le couvercle avec de la pâte.

Après ce laps de temps, on retire l'oie de la braisière, on la découpe et on range les morceaux dans les boîtes en les entremêlant de carottes, oignons et sauce ; on soude et on donne le même temps de cuisson à l'autoclave que précédemment.

A la choucroûte. — L'oie se prépare de la même manière que le canard à la choucroûte (voir cet article) ; à l'autoclave on donne 2 heures 1/2 de cuisson par kilogramme.

Confite à la paysanne. — On découpe à cru, en retirant les os et on met dans la saumure à 20 pour 100 de sel pendant 8 heures ; on lave et on laisse sécher.

On procède ensuite comme pour le *canard à la Bordelaise*, mais sans mettre d'ail et en ajoutant une feuille de sauge par boîte ; on soude et on donne même temps de cuisson à l'autoclave que ci-dessus.

A la gelée. — Découper à crû, mettre dans une braisière les morceaux des os, et les faire cuire à petit feu avec les débris de carcasses, des pieds et des couennes de veau. On garnit de légumes : carottes, navets, céleris et aromates ; on mouille avec du vin blanc et avec de la gelée non clarifiée.

Au bout de deux heures de cuisson, on retire du feu, on enlève les os et les carcasses, on range les morceaux d'oie dans les boîtes ; on passe le jus en pressant dans le tamis, on dégraisse et on remplit les boites ; on soude et on donne à l'autoclave 2 heures de cuisson pour les boîtes de 500 grammes ; 2 heures et demie pour celles de 1 kilogramme ; 3 heures pour celles de 3 kilogrammes. On laisse refroidir dans l'eau chaude, puis longuement dans l'eau froide du rafraîchissoir et sans remuer les boîtes.

Aux choux rouges. — On procède comme pour l'oie ou le canard confits. D'autre part, on fait cuire les *choux rouges* à l'étouffée avec un peu de graisse d'oie, des pommes acides, coupées par morceaux et épluchées, un verre de vinaigre, 2 ou 3 morceaux de sucre, sel et poivre. Au bout de deux heures les choux sont cuits aux trois quarts.

On range les morceaux d'oie, entremêlés de lits de choux rouges et de petites saucisses chipolata, on termine avec les choux, on soude et on donne à l'autoclave le même temps de cuisson que pour l'oie à la choucroûte.

Hochepot à l'Alsacienne. — Recette strasbourgeoise, dont la renommée est grande et qu'il est facile d'exécuter.

On prend des oies âgées et grasses, on les découpe en morceaux réguliers, puis on les fait revenir, jusqu'à coloration, dans de la graisse d'oie ; ceci fait, on saupoudre de farine, on remue et on mouille avec du bon vin blanc et du bouillon, salé et aromatisé ; on laisse cuire à moitié, on retire les morceaux et on ajoute à la sauce des petits navets tendres blanchis et des carottes ; on fait, d'autre part, colorer à la poêle des petits oignons blancs, dans de la graisse d'oie, et on les incorpore au ragoût ci-dessus, en y ajoutant 300 grammes de lard de poitrine salé, coupé en gros dés. On range les morceaux d'oie dans les boîtes, on garnit avec les légumes et des chipolata, on sauce à chaud, on soude de même et on donne à l'autoclave le temps de cuisson désigné pour l'*oie à la choucroûte*.

On sert à chaud, après avoir fait bouillir les boîtes pendant 40 minutes au bain-marie ; on met sur un plat et on garnit avec des pommes de terre bouillies.

Galantines, pâtés et terrines. — (Voir ces divers articles.)

CINQUIÈME PARTIE

LES VIANDES

On conserve le *bœuf*, le *veau*, le *mouton*, le *porc* et le *sanglier*. Toutes ces viandes préparées en boîtes ont leur raison d'être, car on les emploie en grande quantité dans les voyages aux longs cours ; ces conserves rendent surtout de grands services aux gens de mer et leur donnent l'illusion de viandes fraîches, alors qu'ils sont loin de toutes communications avec la terre.

CHAPITRE PREMIER

LE BŒUF

C'est une nourriture de résistance et une conserve dont, depuis plusieurs années, les Américains inondent le marché européen. Nous allons indiquer successivement toutes les préparations qu'on peut lui donner.

Au naturel, *fabrication du bouillon.* — La viande doit être de première fraîcheur et subir l'*enrobage* dans du sel blanc et de la cassonade :

2 kilogr. de sel blanc ; 500 grammes de cassonade, mélanger le tout et y rouler les morceaux de bœuf, sans os, de manière à ce qu'ils prennent environ 40 grammes de cette mixture.

Avec les os, on fait du bouillon suffisamment salé, que l'on doit soigneusement écumer, pendant 12 heures de cuisson et sans jamais laisser bouillir ; la cuisson terminée, on y jette un verre d'eau froide pour faire précipiter au fond toutes les impuretés, on décante et on tient au frais dans des bouteilles de verre ou des récipients émaillés.

Ce bouillon sert à tous les usages.

Les viandes ayant été préparées sont mises au fond de la bassine et on verse dessus du bouillon, en les couvrant, et on y incorpore le jus de l'enrobage ; on fait cuire sans bouillir une demi-heure par morceau d'un kilogr., une heure pour 2 kilogr., et ainsi de suite.

Les morceaux étant cuits ainsi, on les découpe à bonne grandeur, en conservant le jus qu'ils rendent ; on les range dans les boîtes, en les aromatisant d'un peu de laurier, thym, poivre en grain, clous de girofle, de la muscade râpée, une demi-gousse d'ail par kilogr.

Pour une boîte de 1 kilogr., on met 750 grammes de viande et 250 grammes de bouillon réduit ; on soude et on met à l'autoclave sous pression à 110 degrés ; deux heures et demie pour les boîtes de un kilogr. ; une heure 1/2 pour celles de 500 grammes, en prolongeant cette cuisson d'autant plus que les boîtes seront plus grandes.

A la mode. — On pique le bœuf avec du lard (filet ou

culotte), on le pare, on l'enrobe et on le fait cuire au tiers dans une braisière dans laquelle on a mis : un jarret de veau, persil, oignons, carottes, thym, poivre et sel, et mouillé avec du bouillon et du vin blanc par parties égales. On fait bouillir, à feu doux, pendant deux heures et demie ; la cuisson terminée, on coupe le bœuf en morceaux ou on le laisse entier; on emboîte et on garnit avec les carottes et les oignons; quant à la sauce, avant de l'employer on y ajoute une feuille de gélatine et on verse dans les boîtes (un quart, par boîte, ou 125 grammes de jus) ; on soude et on donne à l'autoclave le même temps de cuisson que précédemment.

Braisé. — Au sortir de l'enrobage, les morceaux de bœuf sont colorés au four, ou à la bassine, avec du beurre ou de la graisse ; on mouille avec du bouillon réduit et on laisse cuire une demi-heure. On retire alors les morceaux, on les range dans les boîtes, on aromatise, puis le jus passé à la serviette est répandu dans les boîtes, après avoir été augmenté d'un peu de gélatine.

Filet rôti au naturel. — On laisse macérer le filet de bœuf dans l'enrobage pendant 24 heures ; on le fait rôtir après l'avoir débarrassé des nerfs et de la chaîne ; on le fait colorer à la broche, *sans le mouiller*, pendant 30 minutes ; on le met en boîte soit entier, soit par morceaux.

On prépare un jus coloré avec la graisse du rôti, mouillée avec un litre de gelée de pieds de veau ou du bon jus corsé et gélatineux ; on passe au tamis, on aromatise et on jute les boîtes ; on soude et on donne à l'autoclave le même temps de cuisson que pour le bœuf au naturel.

Filet sauté, à l'anglaise. — On coupe le filet en biftecks réguliers, sans les aplatir on les place sur le gril, après les avoir huilés légèrement; il faut qu'ils soient saignants; on met en boîte aussitôt retirés du feu et on couvre cette viande avec une sauce financière, préparée ainsi qu'il suit : vin de madère, bouillon et saindoux liés avec du roux brun salé et aromatisé; on ajoute thym, laurier, girofle et poivre; on passe à l'étamine, on dégraisse, on ajoute à la sauce un peu de moutarde anglaise; on remplit les boîtes et on soude; on passe ensuite à l'autoclave où on leur donne 50, 65 minutes ou une heure et demie de cuisson pour 1, 2 ou 4 morceaux de filet.

A l'emploi, on met la boîte au bain-marie, et on sert tel quel et très chaud.

Filet à la française. — Ici le filet est piqué avec des lardons de lard frais, on le fait rôtir entier et, après une demi-heure de cuisson, on le découpe ou on l'emboîte en entier. On sauce les boîtes avec une sauce semblable à la précédente, mais sans madère, en remplissant les vides avec : truffes coupées en petits morceaux, champignons, crêtes de coqs blanchies et crues, et des quenelles.

On soude et on donne à l'autoclave le même temps de cuisson que pour le bœuf au naturel.

Bœuf salé. — Toutes les parties de bœuf que l'on veut saler sont d'abord frottées avec la composition suivante : 2 kilogr. sel blanc, 1 kilogr. sel gris, 1 kilogr. de cassonade, 150 grammes de salpêtre, de manière que chaque kilogr., absorbe 40 grammes d'enrobage. Ces morceaux de viande sont alors déposés, pendant huit jours, dans une cuve de pierre où il faut les remuer tous les matins; ce laps de temps écoulé, on les fait égoutter, on les lave à l'eau froide et on les met dans une saumure à 25 pour 100 de sel, où elles resteront huit jours, puis on les retire, on les lave et on les met à cuire de la même manière que pour le bœuf au naturel. On met alors en boîtes avec ou sans bouillon, de manière qu'elles soient bien pleines, en ne laissant que juste la place pour souder. Si l'on veut y ajouter du bouillon, choisir de préférence le plus fort, c'est-à-dire celui qui se congèle facilement dès qu'il est froid et que l'on prépare avec des pieds, couennes et gélatines; on soude et on ébullitionne à l'autoclave comme pour le *bœuf au naturel.*

Bœuf fumé. — Au sortir de la saumure on lave et on fait sécher complètement, les morceaux de bœuf destinés à cette préparation ; dès qu'ils sont arrivés à cet état, on les suspend dans le fumoir où on les laisse exposés à la fumée froide pendant 48 heures, temps suffisant pour lui donner le goût qu'il doit avoir; plus serait trop.

A la sortie du fumoir on suspend les morceaux fumés dans un endroit sec et sombre, à l'abri du vent.

Langues à l'écarlate. — Les langues doivent être bien fraîches et lavées à grande eau ; on les pique ensuite avec une grosse aiguille et on les frotte fortement avec la solution salée destinée à l'enrobage (Voir *Bœuf salé*) ; puis mettez sous presse dans une terrine pendant 48 heures. Quand les langues ont bien rendu toute leur eau, on les lave et on les met dans la saumure, à 25 p. 100 de sel, pendant 15 jours, en les retournant 4 ou 5 fois ; dès que le bout commence à se racornir, elle est à point; on les retire alors du saloir, on les lave et on les fait sécher.

Au moment de l'emploi on les laisse dégorger dans l'eau douce pendant 24 heures, puis on les fait cuire à l'eau ordinaire, et on enlève la peau.

Dans ces conditions de cuisson, les langues peuvent être emboîtées dans des boîtes de bonnes dimensions, avec de la gelée de viande très réduite, pas trop salée et la plus blanche possible ; on soude.

Les boîtes de 3 kilogrammes sont mises à l'autoclave pendant 3 heures ; celles de 2 kilogrammes 2 heures ; celles de 1 kilog. 500 grammes 1 heure 1/2, et celles de 750 grammes à 1 kilogramme, 1 heure.

On laisse refroidir complètement avant de les retirer de l'autoclave.

Langues fumées. — Même procédé pour les saler que ci-dessus ; sorties de la saumure, on les sèche et on les suspend à l'air, puis on les place dans le fumoir pendant 48 heures, d'où on les retire pour les suspendre dans un lieu sec, obscur et à l'abri du vent.

Gras-double. — On fait beaucoup de cas de cette préparation et elle en vaut la peine lorsqu'elle est bien faite.

Le gras-double se confectionne avec la panse et l'estomac du bœuf et des autres animaux de boucherie. Ces deux parties doivent être soigneusement lavées et grattées pour les rendre bien blanches ; le nettoyage terminé, on les laisse dégorger pendant 24 heures dans l'eau courante ; après ce dégorgement à l'eau ordinaire, on fait blanchir dans une marmite pleine d'eau salée et aromatisée de thym et laurier. Pour que le gras-double soit bien blanc, il faut que la panse et l'estomac aient produit sur la surface de l'eau de cuisson une couche épaisse de graisse (10 centimètres au moins) ; si l'eau n'est pas dans ces conditions, le gras-double sera noir ou gris.

La cuisson terminée, au bout de 2 à 3 heures, on fait égoutter le gras-double sur un tamis, en le recouvrant de linges pour que le refroidissement ne s'opère pas trop vite. Quand l'eau de la chaudière est refroidie on recueille la graisse qui sert à d'autres usages.

Avec le gras-double ainsi cuit, on prépare différents plats.

A la Lyonnaise. — On coupe le gras-double en petits morceaux, que l'on met dans la poêle avec du beurre, de l'huile, des oignons coupés grossièrement, sel, poivre et persil haché. Lorsque les gras-doubles sont bien dorés, on emboîte, on soude et on donne 2 heures d'ébullition à 110 degrés par boîte de 1 kilogramme ; 1 heure 1/2 à 110 pour celles de 500 grammes.

En fricassée de poulet. — On le coupe en morceaux de la grandeur d'une pièce de 5 francs : on le met dans une casserole avec du beurre, un peu de farine ; on mouille avec du bouillon et on laisse bouillir le tout pendant un 1/4 d'heure ; on lie la sauce avec deux jaunes d'œufs par 500 grammes ; on range dans les boîtes, on sauce, on soude et on donne à l'autoclave le même temps de cuisson que précédemment.

Grillé. — On laisse les morceaux assez grands ; on les trempe dans le beurre fondu, puis dans la chapelure blanche mêlée de sel, poivre, muscades et fines herbes ; on met les morceaux sur le gril ; après cuisson on emboîte, et on remplit les boîtes avec une sauce piquante dans laquelle on met du citron au lieu de vinaigre, des câpres et des cornichons.

A la flamande. — On découpe le gras-double en fines lanières, on le met sur le feu dans une casserole à fond plat, avec du beurre, persil haché, poivre, sel, muscade et feuille de laurier ; on lie avec un peu de farine, puis on mouille assez copieusement avec du bon bouillon ou de l'eau. On laisse réduire pendant une demi-heure puis on incorpore dans la casserole le jus d'un citron par kilogramme de gras-double, on retire du feu et on termine en liant le tout avec trois jaunes d'œufs. On emboîte, on soude et on met à l'autoclave, où la cuisson est identique à celle des préparations précédentes.

A la sauce tomates. — On coupe le gras-double en carrés gros comme des dés, on les met à mijoter pendant un quart d'heure dans un coulis salé et poivré de tomates un peu clair ; on emboîte, on sauce, en ajoutant beurre et aromates, on soude et on donne même ébullition à l'autoclave.

En pâté. — On met le gras-double dans une casserole, avec du beurre, des fines herbes (pas d'oignons), poivre, sel et muscade, un demi-litre de vin blanc (par kilogramme) et on laisse mijoter 1 heure, à feu doux. On emboîte alors le tout de la manière suivante. Au fond de la boîte, on met une tranche de citron dépouillée de son écorce et des pépins, on remplit avec le gras-double et on termine avec une tranche de citron pareille et une feuille de laurier ; on soude et on passe à l'autoclave.

A l'emploi se déboîte en faisant légèrement chauffer les parois à l'eau bouillante ; on ouvre la boîte et on renverse sur un plat ; se mange froid comme hors-d'œuvre.

Tripes à la mode de Caen. — Le nettoyage et la cuisson étant opérés comme pour le gras-double, on découpe le gras-double en morceaux assez grands (8 centimètres) que l'on met pêle-mêle dans une potée pouvant aller au four, ou dans une terrine spéciale ; au fond de la potée on met deux pieds de bœuf bien blancs, on sale à 25 grammes de sel blanc par kilogramme ; on incorpore au milieu un bouquet de persil, thym et laurier, poivre, muscade râpée, une assez grande quantité d'oignons coupés, 500 grammes de petites carottes coupées ; par-dessus tout cet ensemble on met 2 autres pieds de bœuf, on complète avec 500 grammes de beurre et deux verres d'eau fraîche ; pour terminer, on met 2 ou 3 ronds de papier beurré, et pour fermer la potée, une assiette épaisse renversée, sur laquelle on met le couvercle que l'on maintient au moyen d'un fort papier graissé que l'on fixe avec une ficelle de laine, et on glisse dans le four doux où on laisse cuire pendant sept heures.

En retirant du four, il faut que les tripes aient conservé leur couleur blonde; on met alors en boîtes, en y entremêlant oignons, carottes et pied, on jute avec le jus provenant de la potée, on met à l'autoclave sous pression à 110 degrés : 2 heures 1/2 pour les boîtes d'un kilogramme ; 1 heure 3/4 pour celles de 500 grammes.

CHAPITRE II

DES CONSERVES ALIMENTAIRES POUR L'ARMÉE

Depuis les Romains et les Grecs jusqu'à nos jours, tous les gouvernements se sont préoccupés de cette grave question de l'alimentation des armées en campagne. C'est depuis une quarantaine d'années surtout, et principalement depuis les perfectionnements apportés dans la construction des autoclaves, que cette question a fait un pas immense. Néanmoins, faut-il le dire, en France, où la stabilité des ministres de la guerre est des plus aléatoires, à chaque nouveau ministre, le genre de fabrication est différent ; il s'ensuit de sérieux désordres dans ce travail et de là des retards forcés dans le perfectionnement de l'alimentation générale des troupes. Avant toute chose et avant des discussions oiseuses, la santé des soldats devrait être prise en sérieuse considération et on serait bientôt, avec un peu d'entente, arrivé au résultat cherché : celui de fournir aux armées de terre et de mer une nourriture saine, appétissante et ne fatiguant pas l'estomac des hommes.

Ceci dit, voici les renseignements que nous avons pu nous procurer sur cette intéressante matière.

L'attention des intendants militaires se porte surtout sur la conservation de la viande.

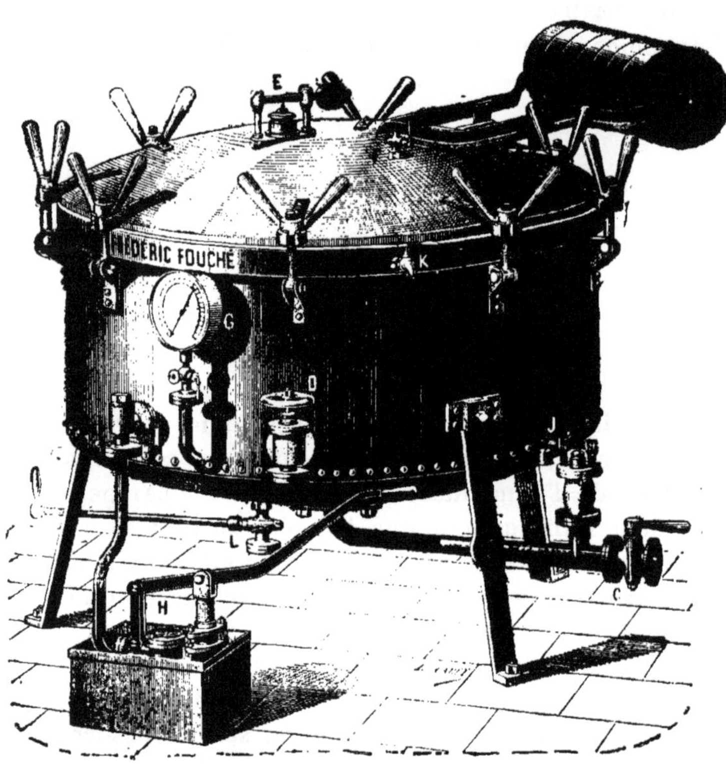

Fig. 62. — Autoclave destiné aux conserves de l'armée et de la marine.

A cet effet voici comment on procède :

En principe la première recommandation à faire c'est de soigner les abatages des animaux de boucherie. On ne doit jamais tuer un animal fatigué, mais il faut le laisser reposer à l'ombre et sur une bonne litière. Les abatages se font la nuit, à partir de minuit, car il est reconnu que les viandes se conservent mieux que celles abattues en plein jour.

L'abatage terminé, le dépouillement se fait aussitôt,

Fig. 63. — Appareil perfectionné à cloche et à plateaux pour cuisson de la viande dans la vapeur sans pression, spécial pour l'armée et la marine.

car les chairs étant chaudes encore, le travail en est accéléré d'autant. On met les peaux et les cornes à part : les premières se salent ordinairement, les secondes se vendent dans l'industrie.

On désosse les viandes, dont les os mis à part, se font

cuire dans de grandes chaudières à vapeur (fig. 62) système Fouché et dans un panier spécial destiné à les immerger d'un coup. En principe on met autant d'eau

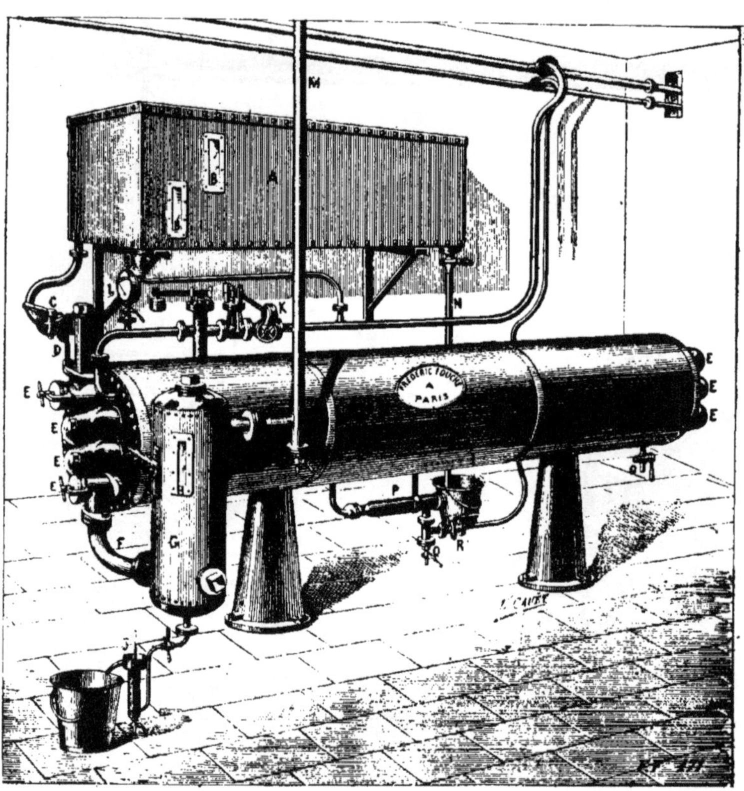

Fig. 64. — Appareil-évaporateur continu pour la concentration du bouillon à l'abri du contact de l'air fonctionnant sans vide, pour l'armée et la marine.

que d'os, on y ajoute les muscles, les tendrons, etc. Avant de les faire bouillir on laisse dégorger tous ces débris dans l'eau froide pendant une heure, puis on met le feu et petit à petit on amène l'ébullition.

Les viandes sont cuites sans sel ni aucun assaisonnement, soit dans l'eau au moyen des bassines à double-fond en fer forgé (Frédéric Fouché) pour la cuisson de la viande dans l'eau, soit dans la vapeur au moyen de l'appareil à cloche et à plateaux (fig. 63) pour la cuisson de la viande dans la vapeur sans aucune pression. Ce dernier procédé tend à se substituer au premier.

La viande, une fois cuite, est retirée du feu, puis distribuée dans les boîtes par ration de 200 grammes ; une boîte de 1,220 grammes ne contient en réalité que 850 grammes de viande et 150 grammes de bouillon qui a servi à la cuire.

Quand la cuisson est terminée, on fait réduire le bouillon dans des bassines ou dans des appareils spéciaux, (fig. 64), où on peut le laisser refroidir. Ce bouillon, qui sera introduit dans les boîtes, sert à restituer aux viandes qui y sont mises, les principes nutritifs qu'elles ont perdus par suite de la cuisson.

Une fois les boîtes remplies et jutées, on les laisse refroidir avant de procéder au soudage. Si la boîte est bien soudée, en la frappant avec une baguette d'acier elle rendra un son cristallin, si au contraire elle a des fuites, le son sera mat ou sourd.

Les boîtes soudées sont transportées à l'autoclave, où on les range dans la grille, que l'on immerge ensuite dans l'eau au moyen du palan ; l'eau peut être froide ou tiède et il ne faut la chauffer que graduellement ; dès qu'elle est entrée en ébullition, on donne le temps de cuisson suivant :

Pour les boîtes de 1,220 grammes (à 115 degrés) une heure quarante minutes.

La cuisson terminée, les boîtes sont mises à rafraîchir dans l'eau froide, ce qui produit une réaction favorable à la conservation et à la bonne qualité de la viande.

CHAPITRE III

LE VEAU

Le veau est une viande blanche qui se conserve très bien, à condition d'y apporter tous les soins possibles. On le prépare principalement en fricandeaux, en côtelettes et en noix lardée, que l'on peut accompagner de légumes frais ou conservés.

Rôti. — On choisit des noix de veau de 1 à 2 kilogr., on les pique régulièrement avec du lard frais, on sale et poivre et on les met à la broche, en laissant cuire à feu doux, aux trois-quarts de cuisson ordinaire. On laisse colorer, on arrose fréquemment; on emboîte dans des récipients de bonne grandeur; on jute légèrement avec le jus de la lèchefrite, on soudé et on donne à l'autoclave : deux heures et demie d'ébullition pour les boîtes de 1 kilogr.; deux heures pour celles de 500 grammes et une heure pour celles de 250 grammes.

On refroidit à l'air sans bouger les boîtes ou au rafraîchissoir et à l'eau froide.

Fricandeaux. — On prend les filets et contre-filets, on les pique avec du lard frais; on graisse une plaque à rôtir, on range les morceaux de veau, près à près, on sale et on poivre; on recouvre le tout de fort papier huilé et on met au four chaud, où cette viande doit être seulement saisie et bien colorée; on arrose de temps en temps, durant les *quarante minutes* de la cuisson.

On met alors les morceaux de veau dans les boîtes et on aromatise avec laurier, thym, clous de girofle et on recouvre avec un jus réduit et gras, provenant de la cuisson des débris, os, pieds de veau, dans du bon bouillon ou de l'eau de cuisson des champignons, et suffisamment salé; on soude et on ébullitionne à l'autoclave comme précédemment. On fait refroidir de même.

Côtelettes. — On ne laisse aux côtelettes qu'un très petit manche; on les met sur le gril et on les fait colorer vivement; on assaisonne peu, on emboîte et on recouvre de graisse ou de beurre clarifié, de jus réduit ou de gelée très forte; on soude et on ébullitionne comme précédemment.

Blanquette. — On n'emploie ordinairement que les morceaux que l'on ne peut faire rôtir et la poitrine; on coupe ce veau en tranches aussi minces que possible; on les dépose dans une bassine dans laquelle on met simplement de l'eau de cuisson des champignons ou du bon bouillon de viande de bœuf, on assaisonne avec poivre, sel, muscade, thym, laurier et clous de girofle; on laisse cuire le tout à petit feu pendant une heure et demie; on emboîte les morceaux, on jute les boîtes avec la sauce liée avec un peu de farine, on soude et on met à l'autoclave pendant la même durée que le veau rôti.

Côtelettes aux fines herbes. — On fait sauter les côtelettes à la poêle avec du beurre, dans lequel on ajoute, au bout de 10 minutes : champignons et fines herbes hachés, sel et poivre; après un quart d'heure de cuisson on incorpore dans la sauce du jus de citron; on emboîte, on jute et on soude. Même temps de cuisson que plus haut.

Épaule à la Bourgeoise. — L'épaule de veau étant désossée, on la roule sur elle-même en la parant, après en avoir saupoudré l'intérieur avec sel, poivre et muscade râpée ; on ficelle et on fait revenir au beurre dans la casserole, ou au four mais alors en arrosant fréquemment ; après cuisson d'une demi-heure, on coupe l'épaule en deux, quatre, ou huit morceaux, suivant la grandeur des boîtes ; on jute avec le jus de la cuisson mouillé avec un peu de bouillon et de la gelée un peu forte ; on soude et on passe à l'autoclave. Même durée de cuisson.

Épaule glacée. — On désosse l'épaule, on la sale et poivre, on la roule sur elle-même et on la pique de lardons ; on ficelle, on fait cuire à la braisière (une demi-heure), avec du beurre.

On opère comme précédemment pour la mise en boîtes ; on termine par le remplissage complet au moyen de gelée de viande ; on soude et on achève la cuisson à l'autoclave.

Filets à la provençale. — Le veau ayant été rôti est découpé en filets ; on s'en sert, pour cette préparation, de la manière suivante :

On met dans une casserole : de l'huile, du beurre pétri avec de la farine, poivre, sel, persil haché, un peu d'ail pilé ; on fait mijoter la sauce ; et on y introduit les filets, qu'on y laisse cuire pendant un quart d'heure ; on les retire et on les range dans les boîtes, en remplissant les vides avec la sauce, qu'on laisse un peu réduire et dans laquelle on ajoute un peu de jus de citron ; on soude, et on donne le même temps de cuisson à l'autoclave.

Poitrines. — Après avoir désossé des poitrines, on les ouvre, on les étale à plat sur la table et on y introduit une farce à pâté de veau, composée de :

Parures de veau, tendrons, chair et graisse de porc, par parties égales ; 50 grammes de sel épicé par kilog. ;

on hache le tout au hachoir mécanique. D'autre part, après avoir fait revenir dans la graisse le foie, le cœur et le poumon de veau, on les pile soigneusement au mortier et on les introduit dans le hachis précédent, qui est roulé dans les poitrines désossées ; on coud, on ficelle, on poivre et sale leurs surfaces, on les pose sur une plaque à rôtir et on les confie au four doux, pendant une heure un quart ; il faut qu'elles prennent une belle couleur rousse ou blonde. Au sortir du four on laisse refroidir, puis on découpe par quartiers, ou on laisse entier, pour mettre en boîte. Ce genre de conserve doit s'emboîter à plat, dans la position qu'elle occupait dans le four ; si on découpe, les tranches sont posées à plat, les unes sur les autres, dans des boîtes de calibre, en remplissant les vides avec de la graisse et le jus de la cuisson, on ajoute thym, laurier, poivre et girofle ; on soude et on donne à l'ébullition le même temps que pour le rôti de veau.

Pâté de veau. — Le pâté se fait soit en enveloppant la farce, dont nous donnons la formule *à l'article poitrines*, dans les chairs d'une épaule de veau, soit en la la mettant telle quelle dans de la crépinette ; on fait frire à la graisse et on met dans des boîtes de calibre convenable.

La première manière, est identique à la poitrine farcie ; qu'on met en boîtes, entière ou par tranches, en recouvrant de graisse et de jus de cuisson ; la deuxième, en ajoutant aux boîtes de la bonne gelée de viande ; on soude et on met à l'autoclave. Même cuisson que précédemment.

Cervelles. — Les cervelles se conservent aussi, mais se fait très peu : on les fait bouillir à l'eau salée ; au premier bouillon on les retire, on emboîte avec l'eau de cuisson, on soude et on donne une heure et demie d'ébullition, sans pression, par 500 grammes et deux heures et demie pour un kilogr.

Tête au naturel. — Après avoir bien échaudé la tête de veau, on la désosse, on en retire la langue et la cervelle, qui sont cuites à part, on découpe en morceaux réguliers que l'on met en terrine, avec un peu de jus de citron ou quelques gouttes d'acide tartrique.

D'autre part, on met dans une bassine émaillée, 3 litres d'eau par tête, on y délaye un peu de farine et du sel en quantité suffisante, et l'ébullition arrivée, on y plonge les morceaux de tête, qu'on y laisse exactement 20 minutes ; on retire alors, on met en boîtes avec un morceau de langue cuite, on jute avec l'eau de cuisson, on soude et on place à l'autoclave, le même temps que pour le veau rôti. (Se mange froid ou chaud.)

On peut préparer la tête de veau d'une foule de manières ; celles que l'on préfère sont les suivantes : à la financière, à la sauce tomate, en tortue ; enfin on en fait un pâté.

Pâté de tête à la flamande. — On coupe la tête comme pour la mettre au naturel, et on la met dans une bassine émaillée avec sel, poivre, muscade, une feuille de laurier, on couvre de moitié bouillon, moitié vin blanc ; ou, avec un quart de vinaigre et trois quarts de bouillon.

On laisse cuire une heure ; on place au fond de chaque boîte, une tranche de pulpe de citron, on emboîte la tête, on termine par une tranche de citron, on jute avec l'eau de cuisson, on soude et on donne à l'autoclave le même temps de cuisson que précédemment.

Cette conserve qui est exquise, se mange froide ; on la sort des boîtes en faisant légèrement chauffer les parois.

CHAPITRE IV

LE MOUTON

Le mouton, qui forme une excellente conserve, est très apprécié dans le monde de la marine, car il y rend d'immenses services, en variant considérablement le choix des plats sur les tables des passagers, des officiers et des matelots.

Gigot rôti. — On désosse le gigot, on le ficelle, on y introduit une ou deux gousses d'ail coupées en deux et on fait rôtir au four ou à la broche pendant une heure ; on emboîte soit entier, soit par morceaux, on sauce avec le jus de la lèchefrite ; on soude et on met à l'autoclave : 2 heures et demie pour les boîtes de 1 kilogramme à 110 degrés de pression ; 3 heures pour celles de 1 kilogramme et demi.

A la sortie de l'autoclave, on rafraîchit.

Petits morceaux rôtis. — Tous les fragments de mouton provenant du découpage des parties fraîches, sont roulés par paquets, ficelés, puis mis sur une plaque à rôti ; on enfourne, on laisse cuire une heure, pour bien colorer, on emboîte, et on sauce avec du bouillon provenant de tous les os, que l'on fait bien réduire et que l'on sale suffisamment, on y ajoute un peu de jus de la cuisson ; on soude et on donne à l'autoclave le même temps de cuisson.

En pâté. — Pour cette conserve, on se sert des

10

viandes provenant des vieux moutons, impropres à la boucherie fine. On désosse entièrement, on découpe les chairs et on hache finement ; on ajoute sel et poivre en quantité suffisante (50 grammes de sel épicé par kilogr.), on emboîte en tassant, et on met au bain-marie dans un récipient contenant de l'eau et au four, pendant une heure ; à la sortie, on laisse refroidir, on jute avec le bouillon des os (voir *Petits morceaux rôtis*) ; on soude et on met à l'autoclave pendant 3 heures et demie pour les boîtes de 1 kilogr ; 2 heures et demie pour celles de 500 grammes.

Cette conserve se mange froide.

On prépare de la même manière toutes les parties du mouton, soit en *côtelettes*, *bouilli*, etc.

CHAPITRE V

LE PORC

Le porc est l'animal dont l'industrie de la charcuterie a su tirer le plus grand parti ; rien n'est perdu, tout est utilisé et les gourmets l'apprécient à sa juste valeur. La chair de porc est très échauffante et néanmoins on en consomme des quantités considérables. On prépare le porc de mille manières ; nous n'indiquerons ici que celles qui entrent dans le cadre de la conserve industrielle.

Salaisons. — Pour faire les salaisons, il y a plusieurs manières de préparer les *saumures* destinées à cet usage nous allons les indiquer aussi clairement que possible :

Saumure allemande. — Pour 100 litres d'eau :

38 kilogr. de sel gemme ou de sel de mines ;

600 grammes de carbonate de soude.

On parfume avec 50 grammes de cumin et 50 grammes de genièvre ; on fait bouillir (un bouillon). Si au lieu de sel de mines on emploie le sel marin, on double la dose de carbonate de soude.

Saumure anglaise. — Pour 100 litres d'eau :

12 kilogr. 500 gr. de sel marin ;

25 kilogr. de cassonade pure (sans mélange de glucose).

2 kilogr. 500 gr. de salpêtre ;

On y introduit, contenus dans une mousseline, les ingrédients suivants :

50 grammes de baies de genièvre fraîches ou sèches ;

50 grammes de macis ;

25 grammes de clous de girofle ;

50 grammes de thym et de laurier (parties égales).

On laisse bouillir le tout ensemble, après refroidissement on presse fortement le sachet pour en exprimer tout l'arome.

Saumure française. — Pour 100 litres d'eau :

44 kilogr. de sel marin ;

12 kilogr. de cassonade (sans mélange de glucose).

5 kilogr. de salpêtre.

Faire bouillir pendant 5 minutes et y introduire un sachet contenant : 50 grammes de coriandre et genièvre ; 25 grammes de cumin ; 25 grammes de macis ; 25 grammes de muscade râpée ; 25 grammes de clous de girofle ; 250 grammes de laurier, thym, sauge, sarriette et marjolaine (50 grammes de chaque.)

Saumure espagnole.

20 litres de vin rouge ;
20 litres d'eau ;
12 kilogr. de sel ;
250 gr. carbonate de soude ;
750 gr. salpêtre.

Faire bouillir pendant 10 minutes et ajouter un kilogr. de piment doux et frais, et un sachet contenant 100 gr. de basilic et de sauge (parties égales) ; 50 grammes de thym et de laurier, plus une pincée de lavande et de romarin.

On fait infuser dans la saumure à chaud.

Saumure italienne.

20 litres vin blanc vieux ;
20 litres d'eau ;
16 kilogr. de sel raffiné ;
2 kilogr. de sel épicé (avec un quart d'épices) ;
1 kilogr. 200 grammes de salpêtre.

On fait bouillir le tout (un bouillon), en agitant sans cesse.

Avec toutes ces saumures, on obtient les diverses conserves étrangères qui sont recherchées en France.

Les jambons. — Après avoir paré les jambons en leur donnant la forme que l'on désire, on les frappe avec une batte de bois afin de faciliter la sortie du sang et l'introduction du sel ; on les range ensuite sur la table à saler, après les avoir frottés de sel et de salpêtre, en ayant soin de ne pas laisser de vides entre eux et en remplissant ceux-ci avec du sel ; on peut ainsi monter plusieurs couches. Au bout de deux jours, on retourne les jambons, on les frotte de nouveau avec du sel et du salpêtre, en renouvelant cette opération trois fois ; au bout de ce temps, suivant le raffermissement des chairs, on prend une brosse de chiendent, on enlève le sel en trop, et on met définitivement dans la saumure choisie et suivant le genre que l'on veut adopter ; on couvre et l'on met sous presse dans l'obscurité, pour éviter les mouches.

Toutes les salaisons de porc se font de même, mais, suivant que les viandes sont plus ou moins jeunes et tendres, on laisse plus ou moins longtemps dans la saumure.

Selon leur poids, les jambons restent de 2 à 4 semaines dans la saumure, temps suffisant pour qu'ils soient bien fermes ; on les en retire alors, en profitant d'un jour sec, on les lave à l'eau tiède et à la brosse pour les débarrasser complètement du sang ou des impuretés ; en un mot, bien grattés, ils doivent être très blancs ; dans cet état ils sont suspendus pendant huit jours dans le séchoir ; on les frotte alors avec un peu de farine de pois jaunes et on les suspend dans le fumoir, où l'on obtient la fumée, au moyen de sciure de bois de chêne blanc ou de copeaux du même bois, des écorces de tanneries desséchées recouvertes de sciure, des branches de bouleau, de genevrier, etc., mais jamais du bois de sapin ; on étouffe le feu, pour ne pas avoir de flamme.

La fumure doit se faire d'une façon modérée, le jambon devant être à peine coloré ; si elle est trop prononcée, ils se racornissent et noircissent.

Au sortir du fumoir, les jambons sont remis pendant quelques jours au séchoir, puis avec un pinceau on les enduit d'une solution à l'eau-de-vie ou de genièvre, contenant des cendres de bois de genévrier ; on finit de laisser sécher à l'air ; on emballe alors dans des toiles de coton écrues, cousues hermétiquement, et on met dans des barils remplis de copeaux de chêne.

Jambons de devant et épaules roulées. — On désosse et on opère la saumure exactement de la même manière que pour les jambons. Les épaules, ayant été désossées et passées à la saumure, sont fortement battues et aplaties ; on roule fortement les chairs sur elles-mêmes, en les ficelant de manière à ce qu'elles se présentent le moins possible à l'air ou à la fumée.

On laisse au fumoir juste le temps pour qu'ils prennent couleur, on huile légèrement jambonneaux et épaules et on les conserve dans des tonneaux contenant des copeaux de chêne saturés d'alun.

Poitrines. — On opère comme ci-dessus, mais on ne les laisse dans la saumure que 10 à 12 jours ; on procède à la fumure et on conserve de même.

Lard à piquer. — On sale le lard sans salpêtre ni sucre ; on le laisse sous presse dans la saumure au sel seul, pendant 4 à 6 semaines, en le retournant fréquemment; au bout de ce temps, on le brosse et on frotte les parties grasses avec :

Plâtre, 200 grammes ;
Farine de seigle, 500 grammes.
Sel blanc fin, 300 grammes.
Alun, 2 grammes.

On suspend les bandes de lard au séchoir jusqu'à siccité complète ; on les conserve dans des caisses, entourées de sel fin bien sec, en piles recouvertes de terre glaise ou de plâtre.

Fabrication du saucisson. — Pour cette fabrication on se sert de toutes les viandes maigres, dont on n'a pas l'emploi ailleurs ; on en retire complètement les nerfs et les parties meurtries, on mélange bien dans le pétrin et on procède au hachage.

Saucisson de Lyon. — On opère de novembre à la fin de février.

Les viandes doivent être de premier choix : jambons, filets et faux-filets ; et on les met à saturer pendant 12 heures dans les aromates suivants et par kilogr :

40 grammes sel fin ; 2 grammes sucre blanc pilé ;

2 grammes de poivre blanc ; 2 gousses d'ail pilées.

On hache finement au hachoir mécanique, on met dans le pétrin, avec 150 grammes de lard à piquer par kilogr. coupé en petits carrés réguliers, on ajoute du poivre en grain 2 grammes par kilogr ; on brosse le tout ensemble et on procède à l'emboyautage, avec des boyaux préparés d'avance.

Ceci fait, on suspend les saucissons, pendant 48 heures, à l'air, afin de durcir les boyaux, puis on les reprend un à un, on les presse fortement aux extrémités pour serrer les chairs, on reficelle s'il y a lieu et on suspend dans le séchoir bien aéré.

Il faut quatre mois pour le séchage, et le saucisson ainsi préparé peut se conserver un an ou un an et demi.

On fabrique également le saucisson de Lyon avec moitié viande de porc et moitié de bœuf. On procède de même, mais le séchage ne dure que trois mois ; en outre, il ne se conserve pas aussi bien.

Saucisson de Paris. — Pour cette formule on emploie tous les résidus de porc frais, et par 20 kilogr. de chair maigre on ajoute 5 kilogr. de lard gras ; on assaisonne, par kilogr. : 1 gramme salpêtre, 4 grammes sucre; 1 gramme alun, et 30 grammes de sel épicé ; on mêle le tout ensemble dans le pétrin, on laisse reposer 6 heures et on hache, ni trop gros, ni trop fin. On emboyaute dans des boyaux salés et on met au séchoir pendant 26 heures. Le séchage terminé, on les met au fumoir pendant 48 heures, puis on les fait cuire doucement pour ne pas crever les boyaux, durant 35 à 40 minutes dans l'eau, et on les laisse refroidir en les suspendant; on les emboîte dans des boîtes dites flûtes, on achève de les remplir avec du saindoux fondu et aromatisé, on soude et on met à l'autoclave à 110 degrés de pression : 2 heures pour les boîtes de 750 grammes; 2 heures et demie pour celles de 1 kilogr. On laisse refroidir à l'air.

On peut également conserver ce saucisson en le faisant simplement sécher et fumer.

Saucisson de ménage. — On emploie toutes les parties du porc, que l'on hache, pas trop finement, après y avoir incorporé les ingrédients suivants : 1 gramme salpêtre ; 1 gramme sucre blanc, 35 grammes de sel et d'épices, 1 gramme de marjolaine, 1 gramme d'alun. Après hachage on ajoute 3 grammes de poivre en grains. On brasse fortement et on emboyaute dans des boyaux de porc ou de bœuf salés ou dans des vessies de petits veaux. On suspend ensuite dans le séchoir, pendant 15 jours. Après ce laps de temps on les met dans le fumoir et on les fume fortement à fumée froide. Au sortir du fumoir, on les enduit d'huile, on les enveloppe de papier commun et on les met par lits dans des caisses avec de la cendre de bois. Pour les faire voyager, on les sort des caisses, on les enduit de nouveau d'huile, on les enveloppe de papier non collé, en garnissant les vides avec des copeaux de chêne.

On conserve également ce saucisson dans des boîtes de la même manière que le saucisson de Paris.

Saucisses pour choucroute. — Toutes les viandes de porc sont bonnes pour cette fabrication et on procède comme pour le saucisson de ménage ; mais on emboyaute dans des boyaux de petite taille et en formant des saucisses de 8 centimètres ; on les suspend pendant une dizaine de jours au séchoir après les avoir frottées de caramel.

Une fois sèches, les saucisses sont mises à l'eau tiède pendant une heure ; on les lave soigneusement ensuite, et on les pose sur la choucroute que l'on fait cuire en même temps ; on ne les y laisse qu'un quart d'heure.

On garnit les boîtes de choucroute en mettant deux saucisses par 250 grammes.

La cuisson à l'autoclave est de 2 heures pour les boîtes de 1 kilogr., contenant 8 saucisses ; et 1 heure pour celles de 250 grammes.

Saucisses espagnoles. — Elles se font avec la dernière catégorie des viandes à hacher, en y ajoutant de la couenne de lard cuite, et de la couenne de tête ; on hache le tout grossièrement et par kilogr. on y introduit : 15 grammes de sel pulvérisé ; 1 gramme de salpêtre ; 5 grammes de piment en poudre ; 3 grammes de piment doux en poudre ; 1 gramme de safran jaune ; thym, laurier, ail, très peu de chaque ; et pour 10 kilogr. une demi-bouteille de xérès ou de porto. On amalgame fortement, on emboyaute dans de petits boyaux, en formant des saucisses de 20 cent. de longueur ; on met au séchoir pendant 8 jours, puis au fumoir pendant 48 heures. Ces saucisses, dites *chorizos*, se mangent crues ou cuites.

Rôti. — On désosse une épaule, on la sale et poivre intérieurement, on la roule et on la ficelle fortement, en lui donnant le diamètre de la boîte. On fait rôtir à moitié, à grand feu, pour colorer vivement ; on laisse refroidir et on découpe à la hauteur de la boîte, que l'on garnit avant tout avec : clous de girofle, quelques grains de poivre entiers, un peu de thym et de laurier ; on remplit avec du jus de rôti allongé et réduit en gelée par la réduction des os et des couennes.

On soude et on ébullitionne : 2 heures et demie de

cuisson pour les boîtes de 1 kilogr., et 2 heures pour celles de 500 grammes.

Côtelettes. — On ne conserve qu'un os très court, juste pour y mettre une papillote ; on fait colorer vivement à la poêle et on met en boîte après avoir aromatisé comme il est indiqué pour les rôtis ; on y ajoute quelques cuillerées de jus contenant du vinaigre, on finit avec un peu de saindoux fondu, on soude et on place à l'autoclave. Même temps de cuisson.

Côtelettes aux cornichons. — Même procédé que ci-dessus, mais on sauce les boîtes avec une sauce brune contenant des cornichons.

Côtelettes aux champignons. — La sauce est préparée comme pour les côtelettes aux cornichons, mais ceux-ci sont remplacés par des petits champignons.

Côtelettes aux tomates. — On jute les boîtes avec une sauce aux tomates, assez claire et bien aromatisée.

Les sauces pour côtelettes de porc peuvent varier à l'infini ; il dépend du fabricant de les présenter au public sous de nombreuses formes, c'est le vrai moyen d'en débiter beaucoup.

Jambonneaux à la gelée. — On les met dans la saumure suivant leur grosseur ; puis on les lave et on les fait cuire dans du bouillon de gelée aromatisé mais pas salé. Quand ils sont cuits aux trois quarts, roulez-les tout chauds dans de la crépine, remettez 5 minutes à l'eau bouillante pour pocher la crépine et emboîtez, en entier ou par morceaux ; on remplit les vides avec de la gelée salée (peu) bien blanche et clarifiée ; on soude et on donne à l'autoclave 1 h. 3/4 de cuisson par kilog. On fait refroidir, le côté à ouvrir en bas, pour que les corps gras soient dessus.

Pieds à la Sainte-Menehould. — Les pieds, bien nettoyés, sont entourées d'un ruban de fil large, pour les empêcher de se défaire à la cuisson ; on les met dans une casserole avec thym, laurier, carottes, oignons, clous de girofle, persil, ciboules, un peu de sel et poivre, une bouteille de vin blanc par kilogr. ; on fait mijoter pendant 8 heures sans arrêt ; on met les pieds en boîtes et on sauce avec le jus réduit dans lequel on ajoute du beurre frais ; on soude et on donne 6 heures de cuisson à l'autoclave par kilogramme.

Au moment de servir, on fait chauffer légèrement les boîtes au bain-marie, on roule les pieds dans de la chapelure et du gros poivre, on met sur le gril à feu doux et on sert avec ou sans la sauce.

Andouillettes de Vire. — On emploie les boyaux gras, tripes et fraises, bien lavés et nettoyés ; on coupe en lardons de 15 à 20 cent. ; on met à mariner pendant 2 à 3 jours dans la composition suivante : 35 grammes de sel fin ; 3 grammes de poivre moulu sur le moment ; 1 gramme de piment, 1 cuillerée à café de persil, ciboulettes et échalotes hachées, 1 bouteille de vin blanc par 10 kilogrammes de boyaux.

Après un bon mélange de toute la masse, on emboyaute dans des fuseaux de bœuf de 1 mètre de long.

On laisse quelques jours à l'air, on ferme alors et on tasse comme pour le saucisson ; on ficelle fortement en entourant depuis un bout jusqu'à l'autre, avec la ficelle allant en spirale. On met au fumoir aussi longtemps que les andouilles ne seront pas très colorées. Cette andouille se conserve très longtemps.

A l'emploi, on la fait cuire pendant 2 heures en l'enveloppant de linge ficelé, dans de l'eau froide qu'on amène progressivement à ébullition. Après refroidissement seulement, on retire le linge, on essuie et on huile toute la surface.

Andouillettes. — Elles se préparent de même que

la précédente, mais les boyaux qui servent pour les em-boyauter sont plus étroits ; on les fait cuire 1 heure et demie à 2 heures et demie suivant leur grosseur dans du bouillon garni de légumes et bien aromatisé.

On met sous presse légère pour les aplatir; une fois refroidies on les emboîte ; on les recouvre de saindoux aromatisé ; on soude et on donne à l'autoclave une cuisson de 2 heures à 110 degrés de pression pour les boîtes de 1 kilogramme.

Galantines, pâtés et fromages. — Nous renvoyons à ces divers articles, où l'on trouvera tous les détails pour leur confection.

CHAPITRE VI

LE SANGLIER

Le vieux sanglier ne vaut rien pour faire des conserves, tout au plus peut-on en utiliser la hure ; nous conseillons donc de n'employer que le marcassin, dont la chair est presque blanche et que l'on prépare, dans toutes ses parties, exactement comme le porc ; soit en *rôti*, en *côtelettes*, en *pâté*, etc. On fait un pâté spécial connu sous le nom de hure de sanglier.

Hure de sanglier. — On prend la hure d'un jeune sanglier ou *ragot*, ou bien celle d'un *marcassin*. Après nettoyage, on la fait mariner dans les ingrédients suivants :

Carottes, *oignons*, *céleris*, *persil* et *panais*, coupés en rouelles et passés au saindoux jusqu'aux deux tiers de cuisson ; on mouille avec autant de litres de vin rouge que de kilogrammes de hure et on laisse réduire pendant 35 à 40 minutes ; on ajoute alors par litre de liquide : 50 grammes de sel, 1 gramme d'épices, 2 grammes d'alun, quelques clous de girofle, laurier, thym, sauge, baies de genièvre, romarin et marjolaine.

Après refroidissement, on y introduit les morceaux de la hure désossée, la langue et les os, et on laisse mariner pendant 7 à 8 jours.

On fait ensuite cuire le tout dans un bouillon aromatisé, avec un peu de la marinade et les plantes qui y sont. Au fur et à mesure de la cuisson, on retire les morceaux, on enlève des os les fragments de chairs qui restent, on dépouille la langue, et on met le tout dans une bassine avec des pistaches mondées, des truffes cuites, 50 grammes de sel épicé par kilogramme et du bouillon de la cuisson, juste assez pour maintenir l'humidité des viandes à un état de chaleur convenable ; on ajoute à ces chairs une quantité suffisante de lardons et on hache le tout grossièrement ; on arrose ensuite avec du sang frais, pour donner couleur ; on mélange, on range le hachis entouré de crépinettes dans des terrines *ad hoc* et on met au four pendant 4 heures. Au sortir du four, on laisse refroidir, on sort des terrines, et on emboite ces pâtés, soit entiers soit par morceaux ; on soude après avoir répandu sur la surface des boîtes un peu de saindoux, et on met à l'autoclave : 2 heures pour les boîtes de 1 kilogramme ; 1 heure et demie pour celles de 500 grammes.

A la sortie de l'autoclave on laisse rafraîchir à l'eau froide.

SIXIÈME PARTIE

LES LÉGUMES

CHAPITRE PREMIER

LES ARTICHAUTS

Au moment de la récolte, on a préparé d'avance la saumure cuite à 10 degrés et contenant 1 pour 100 d'acide sulfureux. On pare les artichauts et on les introduit dans la saumure. Cette opération faite, on procède à la fabrication des diverses recettes suivantes :

En quartiers. — On prend les plus gros artichauts, à fonds très épais, et sitôt coupés en 4, en conservant 2 centimètres de feuilles, on les met tremper dans de l'eau contenant 1 pour 100 d'acide sulfureux ; on les fait ensuite égoutter ; on les range dans le panier à immerger de l'autoclave où on les immerge d'un coup, et on leur donne 5 minutes d'ébullition, sans le couvercle; puis on les fait rafraîchir dans de l'eau froide, dans laquelle on les précipite à chaud en les soulevant de l'autoclave, un à un, avec l'écumoire ; on fait égoutter et on emboîte; on jute avec la composition cuite suivante :

Pour 10 litres d'eau : 500 gr. de sel, 15 gr. d'alun; — 50 gr. d'alun, 10 gr. d'acide sulfureux.

A la cuisson on agite sans cesse avec un petit balai de bouleau.

Les boîtes, une fois remplies, sont mises à l'autoclave pendant 40 minutes à 110 degrés, pour celles de 1 kilog.; 30 minutes pour celles de 500 gr.; 1 heure pour celles de 2 kilog.

A l'air libre à la marmite ordinaire, une demi-heure de plus. Laissez rafraîchir à l'autoclave.

Fonds. — On choisit les artichauts petits et moyens, on les pare au tour et à la main, on coupe les feuilles, et au fur et à mesure on les précipite dans l'eau sulfurée. On opère ensuite comme pour les artichauts en quartiers; on jute avec le même jus et même temps de cuisson à l'autoclave.

Entiers. — On n'emploie que les petits et les jeunes, on les pare en enlevant les feuilles extérieures, on les fait bouillir quelques minutes, après les avoir passés à l'eau sulfurée; on les range dans les boîtes et on jute avec la composition suivante : 20 gr. sel fin ; 1 gr. carbonate de soude, pour 1 litre d'eau. On soude et l'on donne à l'autoclave 25 minutes de cuisson à 110 degrés pour les boîtes de 1 kil. ; 35 minutes pour celles de 2 kil.

En saumure. — On fait blanchir pendant 10 minutes les gros artichauts sans les effeuiller ; ceci fait, au moyen d'une petite cuiller on retire le foin du cœur ; puis on rafraîchit longuement ; on range ensuite les artichauts dans un tonneau en les pressant un peu et on verse dessus la saumure à 10 pour 100 de sel et contenant 1 pour 100 d'acide sulfureux. Huit jours plus tard, on fait égoutter; on remet de la saumure cuite, fraîche, sans acide et froide ; on range les artichauts et on verse de nouveau la saumure qui doit peser exactement, au pèse-sel, 10 degrés. A l'emploi on fait blanchir dans de l'eau fraîche sans sel ; s'ils sont jaunes, on les fait reverdir avec 5 gr. de sulfate de cuivre pour 10 litres d'eau.

Séchés. — Au bout de huit jours, on retire les artichauts ci-dessus de la saumure, on les lave et on les enfile les uns à côté des autres sur des ficelles; on les laisse sécher à l'air le plus longtemps possible ou à l'étuve (si le temps ne le permet pas) chauffée à 20 degrés seulement. Les artichauts, étant bien secs, sont mis dans des caisses dans un endroit exempt d'humidité. A l'emploi, on les fait tremper à l'eau fraîche, pour leur faire reprendre leur forme primitive; on les blanchit comme d'usage, et on les mange soit à la sauce *mayonnaise*, *barigoule*, à la *provençale*, à la *rémoulade*, etc.

CHAPITRE II

LES ASPERGES

L'asperge préférée, pour être mise en conserve, est celle dite d'Argenteuil ; on les emploie en primeur. Il faut qu'elles soient toutes de même longueur (22 centimètres) et de trois grosseurs différentes ; on les emboîte dans des boîtes carrées ou dans des bouteilles.

On gratte les asperges afin de n'enlever légèrement que l'épiderme et on les essuie sans les laver. On les blanchit par catégorie : les grosses, les moyennes et les petites, pour obtenir une plus grande régularité dans le blanchiment qui se fait en ne faisant tremper dans l'eau chaude salée que la base des asperges, qui ne doivent cuire exactement que 3 minutes, posées debout dans le panier à immerger.

On ajoute alors dans la bassine la même quantité d'eau chaude que ci-dessus, afin que le tiers des asperges soit couvert, et on fait rebouillir 3 minutes nouvelles ; à ce moment on accélère la cuisson, en fermant la bassine avec le couvercle, et on laisse monter l'eau au-dessus des pointes de manière à simplement les échauder, soit encore 2 minutes (en tout 8 minutes). On retire la cuisson de la bassine, et on la plonge entièrement dans un baquet d'eau froide, où on laisse les asperges pendant 1 heure, pour dégorger le sel et blanchir le légume.

En résumé, c'est le pied de l'asperge qui demande une grande cuisson, car c'est de là que proviennent les ferments si elle est mal cuite.

On emboîte après égouttement, en plaçant les asperges dans les deux sens, on jute avec l'eau salée, 30 gr. par litre ; on soude et on range les boîtes au fur et à mesure sur les porteuses.

Pendant ce temps on a mis l'autoclave sous pression, et dès que l'eau est en ébullition, on y plonge doucement au moyen du palan les boîtes qui sont rangées dans le panier à immerger ; on ferme l'autoclave hermétiquement ; on lui donne 115 degrés de pression, et on laisse cuire 20 minutes les boîtes de 2 kilog., 15 minutes celles de 1 kilog., les flacons une demi-heure en plus.

On procède de même pour les pointes d'asperges vertes

et blanches qui rendent des services nombreux dans l'art culinaire.

LES BETTERAVES

Les betteraves pour conserves doivent être arrachées dans les premiers jours de novembre; on les expose au soleil pendant quelque temps et on les emmagasine sur de la paille. Au moment de l'emploi, on les fait cuire au four, en même temps que le pain, pendant 5 à 6 heures.

Après avoir enlevé leur peau, qui est brûlée, on les coupe en rondelles, on les range dans des bocaux ou des vases de grès, on les recouvre de vinaigre bouillant; on presse légèrement pour que tout soit bien recouvert et on met de côté pour s'en servir au besoin.

CHAPITRE III

LES CARDONS

Les meilleurs cardons pour mettre en conserves, sont :

Cardon blanc d'ivoire ;
— *plein inerme* ;
— *Puvis ;*
— *d'Espagne.*

Tous sans épines, par conséquent faciles à travailler.

On opère en novembre, décembre et janvier.

On les épluche en rejetant toutes les côtes vertes et

creuses, on les coupe sur 10 centimètres de longueur et au fur et à mesure on les jette dans une terrine contenant de l'eau fraîche additionnée de 1 pour 100 d'acide sulfureux.

Les cœurs et les troncs sont blanchis à part.

On met les cardons à blanchir dans une bassine émaillée, contenant suffisamment d'eau en pleine ébullition pour que les morceaux de légumes ne se gênent pas ; au moment du premier bouillon, avant d'y mettre les cardons on ajoute 1 p. 100 d'acide sulfureux et on les laisse bouillir à petit feu pendant 10 minutes ; la cuisson terminée, ce qui se voit facilement si l'écrasement se fait sous le doigt, on lave les cardons dans leur eau, on les met sur un tamis et on laisse égoutter. On les range ensuite debout dans les boîtes ou dans les bouteilles, en les tassant bien, on jute modérément avec le jus suivant :

Pour 1 litre d'eau :

25 grammes de sel ;

1/2 gramme d'acide sulfureux ;

20 grammes de farine de riz ;

10 grammes de beurre frais.

On donne un bouillon et on s'en sert à chaud ; on soude après une nuit, pour permettre aux cardons de pomper le jus, et on en ajoute s'il y a lieu.

On met dans l'autoclave, avec le panier à immerger, et on donne 1 heure 40 de cuisson pour les demi-boîtes de 500 grammes, et 2 heures pour celles de 1 kilogr.

En sauce blanche. — Pour le blanchiment on opère comme précédemment et, après les avoir emboîtés, on les jute avec une sauce blanche ou roux blanc.

Au jus ou au gras. — Même procédé de cuisson ; mais au lieu de sauce blanche on jute avec du jus de viande, de veau principalement.

Bettes au cardes (Poirées). — De la même famille que la betterave, mais produisant de larges côtes blanches, qui peuvent remplacer le cardon. La bette, ou poirée à cardes, se prépare de la même manière et c'est un excellent article d'exportation, que son bon marché met à la porté de toutes les bourses.

Comme le cardon, on la prépare à toutes sauces, et ce légume est excellent au gratin.

CHAPITRE IV

LES CAROTTES

Les meilleures variétés de carottes pour mettre en conserves, sont :

Carotte rouge grelot ;
— — *courte hâtive ;*
— — *de Hollande.*

On les récolte petites, on les tourne au couteau et on procède à leur fabrication.

Au jus. — On fait blanchir les carottes dans de l'eau légèrement salée, pendant 20 minutes, à grande eau et à gros bouillons; on les fait égoutter sur un tamis, puis on les laisse dégorger pendant 4 à 5 heures dans l'eau courante.

On les range, aussi serrées que possible, dans les boîtes choisies à cet effet et on les jute avec le jus ci-après :

Pour un litre d'eau :

25 grammes sel fin ;
50 grammes de sucre ;
10 grammes de beurre.

On fait bouillir, on passe à l'étamine, on jute à chaud et on soude.

On donne à l'autoclave, avec pression de 110°, 30 minutes pour les boîtes de 500 grammes ; 40 minutes pour celles de 1 kilogr.

On met au rafraîchissoir au sortir de l'autoclave.

Au beurre. — Même manière de procéder que précédemment, si ce n'est que par litre de jus on ajoute 40 grammes de beurre ; on laisse bouillir, et on jute les boîtes avec ce liquide très chaud. On soude et on donne même cuisson à l'autoclave.

A la ménagère. — Les grosses carottes sont coupées en rouelles ou autrement ; on les fait cuire dans du bouillon de veau additionné d'un quart de vin blanc, poivre, sel, muscade râpée, persil haché et beurre ; lorsque le tout est cuit aux trois quarts, on lie la sauce avec un peu de farine ; on range les morceaux de carottes dans les boîtes ; on jute jusqu'au bord et on soude. Même temps de cuisson à l'autoclave.

A la maître-d'hôtel. — Pour blanchir les petites carottes, on les met dans une bassine émaillée avec du bouillon, du beurre et un peu de sel ; aux trois quarts cuites, on les fait sauter avec du beurre (40 grammes par kilogr.), du persil haché, du sel, du gros poivre et une cuillerée à café de sucre en poudre ; on met en boîte, on jute avec le jus où elles ont été sautées ; on soude et on donne même temps de cuisson à l'autoclave.

A la flamande. — On se sert des grosses carottes qui, épluchées et blanchies à fond, sont mises à égoutter, puis en boîtes après avoir été coupées en rouelles ; on y ajoute quelques petits oignons glacés et on jute avec le jus employé pour les carottes au beurre ; on soude et on met à l'autoclave. le même temps que précédemment.

CHAPITRE V

LE CÉLERI

Les variétés de céleris les plus recherchées sont :

Céleri plein blanc ;

Céleri plein blanc doré ;

Céleri plein blanc court à grosses côtes ;

Céleri rave de Paris amélioré ;

Céleri rave d'Erfurt.

C'est durant les mois d'octobre, novembre, décembre et janvier au plus tard, que l'on opère pour la fabrication de cette conserve, en choisissant les céleris les plus blancs et les plus tendres ; on taille le bas du pied en pointe, en le coupant ensuite à la longueur des boîtes ou des flacons ; on lave bien soigneusement à grande eau, pour le débarrasser des insectes, vers, limaces et toutes les parties terreuses ; on fait blanchir pendant cinq minutes à l'eau salée ; on emboîte, en serrant bien les uns contre les autres, tous les céleris; et on jute avec le même jus que les cardons ; on soude ou l'on ferme avec la fermeture phénix et on met à l'autoclave pendant 30 minutes, avec pression de 110 degrés pour les boîtes de un kilogr. ; 20 minutes pour celles de 500 grammes.

Quant aux feuilles vertes du céleri et aux autres déchets, on les fait sécher au four ou à l'étuve ; on s'en sert pour assaisonner certaines conserves aux époques où il n'existe pas de céleri frais.

Au jus. — Même procédé de préparation que ci-dessus, mais on jute du bouillon avec les boîtes très fort ou des jus de rôtis clairs. Même cuisson à l'autoclave.

Au beurre. — Le jus est remplacé par du beurre fondu et légèrement salé. Même temps de cuisson à l'autoclave.

Au velouté. — On jute les boîtes avec une sauce veloutée ; on soude et on donne le même temps de cuisson que précédemment.

En quartiers, *céleris raves.* — On les pèle soigneusement, on les coupe en 4 ou en 8 quartiers ; on les fait blanchir dix minutes dans l'eau salée ; on rafraîchit et on termine de même que pour le céleri en branches. La cuisson à l'autoclave est identiquement pareille.

CHAPITRE VI

LES CHAMPIGNONS DE COUCHES

Les champignons doivent être utilisés aussitôt récoltés, car cette marchandise se détériore facilement. On épluche, en parant le pied terreux, et on fait le triage :

1er choix — les têtes ;

2e choix — têtes et queues ;

3e choix — tout venant.

Avec les champignons trop ouverts et noircis on fait les assaisonnements des viandes, etc.

L'épluchage terminé on prépare le liquide suivant :

Pour 10 litres d'eau :

250 grammes de sel marin ;

10 grammes d'alun ;

1 pour 100 d'acide sulfureux.

On met dans une bassine et on met en ébullition.

D'autre part on prépare à côté du fourneau un baquet contenant 10 litres d'eau avec 2 1/2 pour 1000 d'acide sulfureux.

Dès que l'eau contenue dans la bassine entre en ébullition, on jette les champignons dans le baquet, par petite quantité à la fois, on les frotte vivement, sans les briser, puis avec l'écumoire dite panier, on les jette dans la bassine qui bout, on couvre et on donne 10 minutes de cuisson ; on égoutte alors sur un tamis que l'on plonge plusieurs fois dans l'eau fraîche, où ils peuvent rester pendant quelques heures.

Les eaux de lavage peuvent servir jusqu'à ce qu'elles se colorent.

Par boîte de 1 kilogr., on met 450 gr. de champignons;

Par boîte de 500 gr. on met 225 gr. de champignons ;

Par boîte de 250 gr. on met 110 gr. de champignons;

Par boîte de 125 gr. on met 50 gr. de champignons.

Il faut peser exactement.

On jute avec la composition suivante :

Jus de cuisson des champignons par litre :

25 grammes de sel et 1 gramme d'acide sulfureux.

S'il reste du jus après avoir rempli les boîtes, on décante et on met en bouteilles pour servir ultérieurement.

On soude ou on met dans les bouteilles à fermeture « Phénix » et on donne à l'autoclave :

Pour les boîtes de 500, 250 et 125 grammes, 25 minutes de cuisson à 110 degrés de pression ; pour celles de un kilogr., 35 minutes; les bouteilles, demi-heure en plus.

On laisse refroidir dans l'autoclave.

Au beurre. — Au lieu du jus préparé comme nous l'indiquons plus haut on remplit les vides des boîtes pleines de champignons avec du beurre fondu. La cuisson à l'autoclave est exactement la même.

Cèpes à l'huile. — On épluche les cèpes, en coupant la queue au ras du pavillon, on les fait frire dans l'huile d'olives de 2e qualité, et sans trop chauffer, pour qu'ils ne se racornissent point. On les retourne souvent, puis, la cuisson terminée, on les met sur des grils pour égoutter et refroidir. On emboîte serré en intercalant (par boîte) 1 clou de girofle, 3 grains de poivre, un fragment de laurier; on recouvre d'huile d'olives de 1er choix, on ferme (selon le genre de fermeture adopté) et on met à l'autoclave :

35 minutes à 115 degrés pour les boîtes de 500 gr.

45 minutes à 115 degrés pour les boîtes de 1 kilogr.

Au naturel. — On ne prend que les petits et les moyens; on en enlève les queues et les bavures; on lave soigneusement dans de l'eau contenant 1 pour 100 d'alun et 1 pour 1000 d'acide sulfureux, on sort immédiatement et on fait blanchir dans de l'eau bouillante et salée dans laquelle on ajoute un litre de lessive de cendres de bois; on les y laisse cinq minutes à gros bouillons ; on les retire, on les égoutte dans des corbeilles, puis on les range dans les boîtes en les couvrant ensuite du jus suivant :

Pour 10 litres d'eau :

300 grammes, sel fin ;

Un grand verre de vinaigre fort ;

200 grammes d'oignons ;

10 grammes de poivre moulu fraîchement ou en grains ;

10 grammes d'alun ;

Une feuille de laurier, du thym, du persil frais.

On fait cuire jusqu'à complète cuisson des oignons; on passe au tamis fin, on jute longuement les cèpes ; on ferme et on donne à l'autoclave le même temps de cuisson que précédemment.

Pour farcir. — On prend les plus gros cèpes, et après les avoir épluchés, on les fait frire à l'huile, sans les laisser colorer, et en les retournant souvent.

On fait égoutter sur les grils, on emboîte et on jute avec le jus des *cèpes au naturel ;* on ferme et on donne à l'autoclave le même temps d'ébullition.

Queues de cèpes. — Elles s'utilisent comme toutes les autres parties des cèpes ; on les pare soigneusement en leur donnant une forme régulière, puis on les lave ; on les fait ensuite blanchir dans de l'eau froide contenant 3 pour 100 d'alun et 2 pour 100 d'acide sulfureux, 50 grammes de sel par litre, 10 grammes de beurre, une gousse d'ail entière, et on laisse bouillir pendant cinq minutes.

On verse en terrine et on emboîte avec les quantités suivantes par boîte :

750 grammes et 350 grammes pour celles contenant 1 kilogr. et 500 grammes.

On jute avec le jus de la cuisson, on ferme et on met à l'autoclave le même temps que précédemment.

A la provençale. — Le travail et les manipulations sont identiques à ceux des cèpes à l'huile ; en emboîtant les cèpes on y mélange ou on remplit les vides avec le hachis suivant et à cru :

400 grammes d'oignons ; 100 grammes d'ail et d'échalotes (par parties égales) ; 100 grammes de persil et ciboulettes; 10 grammes de poivre et 20 grammes de sel.

2 cuillerées à soupe pour les boîtes de 1 kilogr. ;

1 cuillerée à soupe pour les boîtes de 500 grammes.

On recouvre le tout avec de l'huile surfine, on ferme et on met à l'autoclave.

Champignons séchés. — On fait sécher toutes les espèces de champignons en les enfilant à des ficelles et en les suspendant à l'air sec et chaud. Ils se conservent ainsi très longtemps.

En saumure. — Après trois ou quatre jours de séchage, on range les champignons dans un baril et on les recouvre de saumure à 10 degrés au pèse-sel, plus 2 pour 100 d'acide sulfureux par litre de liquide. On presse légèrement afin qu'ils baignent. On conserve ainsi les champignons pendant plusieurs années, sans qu'ils se corrompent.

Les morilles. — On peut les faire sécher ou les mettre en saumure ; il est également possible de les conserver comme les champignons de couches.

CHAPITRE VII

LES CHOUX

Les variétés de choux que l'on peut utiliser pour certaines conserves sont nombreuses, nous ne citerons que les meilleures :

Chou vert d'York ;
— *Cœur de bœuf gros ;*
— *de Schweinfurt ;*
— *de Hollande ;*
— *de Brunswick ;*
— *quintal d'Alsace ;*
— *quintal d'Auvergne ;*

} *choucroute.*

Chou de Milan des Vertus ;
— petit de Belleville ;
— doré ; } *pour perdreaux aux choux.*
Chou rave blanc hâtif de Vienne ;
Chou rouge petit d'Utrecht ;
— gros ;
Chou de Bruxelles demi-nain de la Halle.
Chou-fleur Lenormand à pied court ;
— nain très hâtif d'Erfurt ;
— demi-dur de Paris ;
— de Chambourcy ;
— tendre de Paris ou Salomon.

Choucroute. — C'est l'Allemagne, la Russie, et l'Alsace qui ont le monopole de cette excellente conserve, et pourtant il serait si facile de la fabriquer en France dans nos provinces de l'Est et du Nord.

Voici du reste la manière de procéder, bien simple, en usage en Alsace.

On enlève les feuilles vertes extérieures, car le chou doit être bien blanc ; on les coupe en quatre, on en retire le trognon, ainsi que les extrémités des grosses côtes, et on procède au découpage avec la machine à effiler ; ce chou coupé est recueilli dans des paniers ; puis l'on en pèse le contenu. Il faut 25 grammes de sel par kilogr.

On range les choux coupés dans des tonneaux exprès, on saupoudre chaque lit avec le sel pesé d'avance, et on continue ainsi jusqu'à la fin, en usant 2 kilogr. 500 grammes de sel par 100 kilogr. de choucroute ; on y mélange 250 grammes de baies de genièvre ; le tonneau rempli, on termine le tout par une poignée de sel fin répandu à la surface, on charge d'une planche et de pierres pour que le tassement se produise.

Chaque fois qu'on retire de la choucroute du tonneau,

on remplit le vide produit par de l'eau salée et on remet sous presse ; autrement la moisissure s'y mettrait rapidement.

Choux rouges en choucroute. — On prépare le chou rouge en choucroute de novembre à fin février, de la même manière que celle de choux blancs, et ils s'accommodent de toutes les façons.

Choux à la flamande. — On choisit de beaux choux de Milan, on les coupe en quatre, après suppression des feuilles extérieures et des trognons ; on les lave à grande eau ; on les ficelle et on les fait cuire à l'étouffée avec du beurre, du bon bouillon, 7 ou 8 oignons, sel, poivre et muscade râpée. A mi-cuisson, on les retire du feu, on fait égoutter ; on range les choux dans les boîtes ou flacons, en y ajoutant une ou deux saucisses fumées et cuites ; on jute avec le jus des choux en terminant avec un peu de saindoux ; on ferme et on met à l'autoclave sous pression de 110 degrés :

Deux heures pour les boîtes de 1 kilogr. ; une heure et demie pour celles de 500 grammes.

Choux rouges à la hollandaise. — Après avoir lavé les choux, on les coupe comme pour en faire de la choucroute ; par kilogr. de choux on met six pommes rainettes épluchées et épépinées, quelques oignons, 125 gr. de beurre ; un verre de vin blanc, sel, poivre et 6 morceaux de sucre. On laisse mijoter deux heures ; on emboîte et on ferme. Même cuisson à l'autoclave que précédemment.

Choux au lard. — Même formule que le chou à la flamande, mais en ajoutant 125 grammes de lard maigre par kilogr. Même cuisson à l'autoclave.

Choux farcis. — On choisit de gros choux, dont après avoir retiré les feuilles extérieures, on développe toutes les autres, qui sont ficelées par six ou huit et plongées dans l'eau bouillante pendant 4 à 5 minutes ; on les retire, on les égoutte, on les étale sur la table par paquets de 6 ou 8 feuilles et on y roule une farce faite avec chair à saucisses 500 grammes, 1 kilogr. 500 gr. de veau haché, 500 grammes de lard coupé en petits morceaux, sel, poivre, muscade, un peu d'ail haché avec du persil et des ciboulettes.

On forme du tout des paquets allongés, on ficelle et on met au four dans une braisière, avec beurre et bouillon pendant 35 minutes ; au sortir du four on emboîte à chaud ; on sauce avec une sauce rousse mêlée avec le jus de la cuisson ; on ferme et on met à l'autoclave le même temps que pour les autres formules. Se sert chaud, en faisant chauffer la boîte au bain-marie, pendant une demi-heure.

Choux-fleurs au naturel. — Cette conserve se fait très peu, néanmoins il n'est pas sans intérêt d'en donner la formule. Les choux-fleurs doivent être fermes et avoir le grain serré ; on les épluche par bouquets, on les plonge dans l'eau bouillante salée ; cinq minutes de cuisson suffisent, puis on les met dans l'eau froide pendant 3 ou 4 heures.

On les fait alors égoutter et on les range dans les boîtes en les serrant le plus possible et en remplissant les vides avec les petits morceaux ; on jute avec un jus composé de 25 grammes de sel par litre d'eau et 1 gr. d'alun ; on soude et on passe à l'autoclave ; durée de la cuisson finale : 25 minutes pour les boîtes de 1 kilogr., 20 minutes pour celles de 500 grammes,

Au bain-marie ordinaire, il faut compter 35 minutes de plus.

On laisse refroidir à l'eau de l'autoclave.

Choux-fleurs au beurre. — Même recette que ci-dessus ; on arrose simplement en plus des choux chaque boîte avec 20 grammes de beurre ou mieux 200 grammes par deux litres de liquide.

Choux-raves. — Ils se préparent comme les choux-fleurs et exigent le même temps de cuisson au blanchiment et à l'autoclave.

Ils se mangent comme les choux-fleurs, à toutes sauces ou avec des rôtis.

Choux de Bruxelles. — Le chou de Bruxelles est blanchi en ajoutant dans l'eau du blanchiment 1 gr. et demi de sulfate de cuivre par 10 litres pour lui conserver sa verdeur; on emboîte et on termine comme pour le chou-fleur. Même durée de cuisson à l'autoclave.

CHAPITRE VIII

L'OSEILLE ET LES ÉPINARDS

On cueille l'oseille et les épinards au moment de leur emploi en choisissant la saison de printemps ou la fin de l'été pour faire les conserves.

La meilleure variété d'oseille est celle dite *de Belleville,* dont les feuilles sont très larges ; quant aux épinards, on cultive de préférence :

Épinard de Flandre, variété de printemps ;

Epinard à feuilles de laitue, qui produit à l'automne.

Oseille en purée. — La cueillette faite, on trie l'oseille, on en retire les côtes ou non, on la lave à plusieurs eaux, on l'égoutte longtemps et on la met sur le feu dans une bassine émaillée, sans eau ; elle fond de suite et, au fur et à mesure, on en ajoute de la nouvelle. Si l'oseille contient beaucoup d'eau de végétation, comme il serait trop long de la réduire par la cuisson, on la retire du feu, on la met dans des tamis ou sur des toiles et on la laisse égoutter ; on la passe en l'écrasant avec le pilon ; on la fait rebouillir jusqu'à consistance épaisse, on l'emboîte à chaud, on ferme de même et on range les boîtes dans l'autoclave où on leur donne une heure un quart de cuisson à 108 degrés pour celles de 1 kilogr. ; une heure seulement pour celles de 500 grammes.

Oseille en feuilles. — On prend les feuilles les plus tendres et les plus petites, on trie, on lave à grande eau puis on les égoutte. On met dans la bassine émaillée avec 20 grammes de beurre par livre d'oseille. Lorsque l'oseille est rousse, on l'emboîte à chaud dans des boîtes ou des bouteilles ; on ferme et on met à l'autoclave sans laisser refroidir ; on donne une heure et demie de cuisson pour les boîtes de 1 kilogr. ; une heure et demie pour celles de 500 grammes.

Épinards au naturel. — Après la cueillette, on trie et on lave les épinards à plusieurs reprises dans de l'eau courante, car ils demandent à être vigoureusement nettoyés ; on les entasse légèrement dans des corbeilles et on les laisse égoutter une heure ou deux.

Dans une bassine on met 100 litres d'eau additionnée de 75 grammes de sulfate de cuivre, afin de leur conserver leur verdeur, on met en ébullition, on y introduit le panier avec les épinards ; on les agite sans cesse avec une spatule, pour que le sulfate de cuivre agisse partout ; on laisse cuire cinq minutes à gros bouillons et on enlève aussitôt le panier avec le palan, on laisse égoutter et on plonge dans un baquet plein d'eau froide où on laisse rafraîchir longuement, après quoi on les fait égoutter, en les pressant un peu, et on procède au hachage, avec le hachoir à cinq lames ou à la machine. On remet ensuite sur le feu, en remuant jusqu'à ébullition, on ajoute un peu d'eau s'il y a lieu, de la noix de muscade râpée, poivre et sel ; on emboîte à chaud, on ferme de même, et on passe à l'autoclave, sous pression de 114 degrés :

25 minutes pour les boîtes de 500 grammes ;
35 minutes pour les boîtes de 1 kilogr. ;
1 heure 25 pour les boîtes de 2 kilogr. ;
2 heures un quart pour les boîtes de 3 à 4 kilogr.
Au bain-marie ordinaire une demi-heure de plus.

Épinards au beurre. — On procède comme ci-dessus, en ajoutant 20 grammes de beurre frais par kilogr. ; l'emboîtage et la cuisson à l'autoclave se font de même.

CHAPITRE IX

LES HARICOTS

Les haricots destinés aux conserves seront toujours choisis de préférence parmi les variétés cultivées les plus méritantes, car il est important pour le fabricant d'obtenir des produits de premier choix afin de maintenir la réputation de sa maison. Les conserves de haricots et de petits pois sont les plus recherchées et d'une vente courante pendant la saison d'hiver ; il est donc nécessaire de prendre ses précautions à l'avance afin de parer à toutes les éventualités.

Voici les meilleures variétés de haricots à cultiver en vue de la conserve :

Haricot d'Alger, très cultivé ;
— *Intestin* (de Périer) sans parchemin ;
— *Suisse gris* ou *Bagnolet ;*
— *Princesse* (à cueillir lorsque les grains commencent à se former ; excellent) ;
— *Bagnolet vert*, à écosser ;
— *Flageolet blanc à longues cosses*, à écosser ;
— — *chevrier* à grains verts, à écosser ;
— — *Roi des verts* (nouvelle race à écosser qui dépasse toutes les autres variétés).
Haricot noir hâtif de Belgique, à cueillir en vert ;
— *de Soissons* nain ;
— *Nain lyonnais*, très tendre :

Pour les haricots à conserver en vert, on les cueille lorsqu'ils sont à peine formés ; pour les flageolets, quand les grains sont bien tournés, mais les cosses encore vertes.

Haricots au naturel. — Les haricots, à leur arrivée dans l'atelier, sont triés par catégories et effilés immédiatement.

On en fait trois qualités : les petits ou fins, les mi-fins ou moyens et les gros.

L'effilage terminé, on procède à la première cuisson, ou blanchiment, qui se fait à grande eau très bouillante ; pour ce faire, on range les haricots dans le panier à immerger et on les plonge d'un coup dans la marmite, contenant 50 litres d'eau et 15 grammes de sulfate de cuivre, en ne donnant qu'un bouillon de 5 minutes au plus.

On enlève avec le palan, on immerge dans de l'eau froide, on laisse égoutter et on procède à l'emboîtage, qui se fait en pesant les quantités : 250 grammes pour les boîtes de 500 grammes ; 500 grammes pour 1 kilogramme, 1 kilogramme pour celles de 2 kilogrammes ; jutées, les boîtes pèseront le double.

On range en boîtes, en habillant et en parant la surface avec des haricots de premier choix ; il faut qu'il n'y ait pas de vides et que les boîtes soient bien remplies.

On jute avec la composition suivante :

On fait fondre à chaud 2 kilogrammes de sel fin, dans 5 litres d'eau ; une fois dissous, on verse dessus 100 litres d'eau, on agite puis on filtre.

Les boîtes remplies sont fermées ou soudées, puis on les range sur la grille de l'autoclave, on leur donne l'ébullition suivante à 110 degrés :

15 minutes pour les boîtes de 500 grammes ;
25 — — 1 kilogramme ;
35 — — 2 kilogrammes.

On laisse rafraîchir, d'abord à l'autoclave, puis les boîtes sont plongées dans le rafraîchissoir, l'ouverture en bas.

On peut préparer les mêmes qualités de haricots verts sans les reverdir ; ils sont meilleurs au goût mais ils fermentent plus facilement ; il faut leur donner de 5 à 10 minutes de cuisson en plus, à l'autoclave.

Haricots verts panachés. — Peu demandée dans le commerce, mais très recherchée par les marchands de comestibles, les restaurateurs et l'exportation, cette conserve se fait néanmoins sur une assez grande échelle.

Elle se compose de moitié haricots verts, moitié flageolets ; on remplit les boîtes, on jute avec de l'eau salée sans sulfate et on donne à l'autoclave sans pression :

40 minutes de cuisson pour les boîtes de 500 gr.
50 — — — 1 kilogr.

Après cette ébullition on fait rafraîchir complètement.

Flageolets. — C'est à l'automne que l'on opère.

On écosse les haricots, avant qu'ils ne soient complètement secs, on les lave, on les dépose dans le crible de la chaudière et on pousse l'ébullition, sans quelle soit trop vive, afin de ne pas faire crever l'épiderme du grain, et que la chaleur y pénètre peu à peu.

Suivant la grosseur des grains, on les fait blanchir de 15 à 20 minutes dans de l'eau pure (50 litres) contenant 15 grammes de sulfate (si ce sont des haricots Chevrier, la moitié si ce n'en sont pas) ; le blanchiment terminé, on enlève le crible avec le palan, on rafraîchit vivement et longtemps pour éviter la viscosité et on verse dans des terrines.

C'est alors que se fait le triage destiné à supprimer tous les grains gâtés ou défectueux.

On met dans les boîtes, en ne les remplissant qu'aux trois quarts, car ils gonflent encore à la cuisson de l'autoclave.

On jute avec le jus suivant, que l'on a fait cuire et qu'on laisse refroidir complètement :

100 litres d'eau, 3 kilogrammes de sel fin, 10 p. 100 de carbonate de soude et on filtre. On ferme.

La cuisson à l'autoclave est de :

30 minutes à 100 degrés pour les boîtes de 500 grammes ; et 40 minutes pour celles de 1 kilogramme.

Flageolets au beurre. — Après avoir été blanchis, rafraîchis et triés, on remet les flageolets dans la chaudière basculante émaillée, on les couvre d'eau fraîche dans laquelle on a fait fondre 20 grammes de sel fin par litre ; par 25 kilogrammes de flageolets on met 1 kilogramme de beurre fin, un bouquet de sarriette, un oignon piqué de clous de girofle. Avant d'emboîter on retire sarriette et oignons, on jute avec le jus de la cuisson, on ferme et on donne à l'autoclave sans pression ; 1 heure de cuisson pour les boîtes de 500 grammes ; 1 heure et demie pour celles de 1 kilogramme.

On fait rafraîchir longuement les boîtes à la sortie de l'autoclave.

Flageolets à la Provençale. — Les flageolets blanchis sont mis dans une braisière et assaisonnés avec quatre cuillerées d'huile par kilogramme ; 20 grammes de beurre ; deux oignons en tranches, une gousse d'ail, persil haché, une cuisse de volaille et un morceau de petit salé ; on couvre avec de bon bouillon et on poivre. On met au four, pendant deux heures ; on emboîte en mettant dans chaque récipient un morceau de volaille, on jute avec le jus de la cuisson, on ferme et on passe à l'autoclave où on donne le même temps d'ébullition que précédemment.

CHAPITRE X

LES NAVETS

Faire choix de navets tendres, au début de la saison printanière, parmi les variétés suivantes :

Navet long de Meaux ;

Navet des vertus, race Marteau ;

Navet rond, boule d'or, très sucré ;

Navet blanc globe à feuilles entières ;

Ces deux derniers, bien cultivés, sont d'une régularité parfaite et se prêtent, bien mieux que les navets longs, à toutes les formes que l'on veut leur donner parmi les conserves.

Navets au naturel. — On les choisit de la grosseur d'une noix et venus sur couches, on les pèle régulièrement, et au fur et à mesure on les précipite dans de l'eau saturée de 1 pour 100 d'alun.

Quand la quantité voulue est réunie, on met les navets à blanchir dans l'eau bouillante, en y introduisant également l'eau saturée d'alun.

Le blanchiment ne doit pas durer plus de 15 minutes.

On rafraîchit à l'eau courante pendant une heure, on emboîte et on range les navets en parant la surface ; on jute avec le jus suivant :

Par litre d'eau, 40 grammes de sel marin et 10 grammes d'alun ; on fait bouillir, on filtre et on verse à chaud dans les boîtes ; on ferme et on donne 35 minutes de cuisson à l'autoclave à 110 degrés, pour les boîtes de 500 grammes ; 45 minutes pour celles de 1 kilogramme.

Navets au beurre. — On ajoute au jus ci-dessus, par litre de liquide :

50 grammes de beurre ;

50 grammes de sucre ;

On fait bouillir et on jute ; on termine de même que précédemment.

A la flamande. — Ils se préparent comme les carottes, et on donne le même temps de cuisson, à l'autoclave, que ci-dessus.

CHAPITRE XI

LES PETITS POIS

Le choix des petits pois pour mettre en conserve, ne doit pas être indifférent aux fabricants, voilà pourquoi nous leur conseillerons de faire cultiver les variétés suivantes qui sont de toute première qualité :

Pois très hâtif de mai ;
Pois Caractacus ;
Pois Daniel O'Rourke;
Pois Merveille d'Etampes ;
Pois Michaux de Hollande ,
Pois Serpette vert et *d'Auvergne ;*
Pois de Clamart ;
Pois ridés (dits sucrés), *Téléphone ;*
Pois ridés colosse.
Pois ridés de Knight.

Tous ces pois cueillis en leurs points de maturité, sont immédiatement écossés et classés par qualités :

1re qualité — extra fins;
2e qualité — mi-fins ;
3e qualité — fins.

C'est au moyen du crible diviseur *Navarre* ou *Pernollet* que se fait le triage, et en agissant longtemps et doucement pour que la division se fasse parfaitement.

L'écossage se fait aujourd'hui rarement à la main ; on emploie de préférence, au moment de la grande presse, l'écosseuse Navarre, qui facilite le travail dans des proportions exceptionnelles.

Pois reverdis. — On blanchit les pois par 50 kilogrammes à la fois, en les faisant bouillir dans 50 litres d'eau ; au premier bouillon, on ajoute 50 grammes de sulfate de cuivre pulvérisé et on y verse les pois ; on les agite sans cesse avec une spatule de bois, et pendant le temps de la cuisson qui dure 9 minutes pour les fins, 7 minutes pour les mi-fins et 5 minutes pour les extra-fins, en ayant soin d'écumer toutes les impuretés.

Les pois retirés du feu sont mis à égoutter, puis, une fois refroidis, déposés dans des terrines vernies, et on emboîte vivement, en triant chaque poignée s'il y a lieu, jusqu'à un centimètre du bord ; on jute et on ferme, avec fermeture « Phénix », ce qui est très pratique, ou l'on soude.

Le jus se prépare de la manière suivante :

Pour 100 litres d'eau froide :

2 kilogr. de sel blanc ;

1 kilogr. 900 gr. de sucre en pain.

On fait bouillir, jusqu'à dissolution complète, puis on passe à la manche ; on jute quand cette composition est froide.

Aux pois dits fins, *qui sont les plus gros*, on ajoute au jus quelques cœurs de laitues et des oignons blancs cuits dans le même jus, de la sarriette et, à la fin de la cuisson, on termine par l'adjonction de 10 grammes de carbonate de soude par 50 litres d'eau ; on filtre, on laisse refroidir et on s'en sert comme précédemment.

Après la fermeture des boîtes, on les met dans l'autoclave, en les recouvrant d'eau ; on précipite l'ébullition à 110 degrés ; arrivé à cette pression, on laisse cuire 15 minutes pour les boîtes de 500 grammes ; 20 minutes pour celles de 1 kilog. ; 35 minutes pour celles de 2 kilog ; et 45 minutes pour celles de 4 kilogrammes.

Avant d'ouvrir l'autoclave on ouvre les robinets d'échappement de la soupape, et le manomètre arrivé à zéro, on enlève les boulons ; on retire alors les boîtes, on les étale sur les dalles, près à près, et on les laisse complètement refroidir ; on les essuie ensuite avec de la sciure de bois, on les range dans des caisses différentes, que l'on marque d'une étiquette indiquant les grosseurs.

Pois à la française. — Cette manière constitue le *petit pois au naturel;* il se prépare de la même manière que le *pois reverdi*, mais sans adjonction de sulfate de cuivre ; et on jute les boîtes avec le jus destiné aux pois dits fins. Même cuisson à l'autoclave.

Pois à la bourgeoise. — On ne blanchit pas, on met immédiatement les pois dans un roux clair et on les y fait revenir pendant 5 minutes, puis on les mouille avec de l'eau bouillante, sel, poivre, oignons, ciboules, une romaine coupée en petits morceaux ; on laisse réduire le tout jusqu'à ce que l'oignon et la salade soient cuits ; on lie avec 3 jaunes d'œufs par kilogramme ; on emboîte à chaud, on ferme et on donne le même temps de cuisson à l'autoclave.

Pois verts à l'anglaise. — Après le blanchiment des pois reverdis, on les introduit à chaud dans les boîtes, et on jute avec 40 grammes de beurre frais, fondu, par kilogr. de pois ; on ferme et on donne le même temps de cuisson.

Petits pois au jambon. — Les pois ne doivent pas avoir été reverdis ; on les fait cuire comme dans la recette des pois à la bourgeoise ; on les mélange avec du jambon coupé menu et cuit d'avance ; on emboîte, on jute comme il est indiqué ; on ferme et on donne le même temps de cuisson à l'autoclave.

Petits pois au beurre. — Dans la *bassine émaillée*, on met 1 kilogramme de beurre frais pour 25 kilogrammes de pois, plus 5 cœurs de laitues bien lavés, 1 livre de petits oignons blancs, 500 grammes de sel fin et autant de sucre en pain.

On couvre la bassine et on laisse étouffer pendant 5 minutes, puis on y ajoute l'eau *chaude* nécessaire pour couvrir les pois ; on referme hermétiquement la bassine, et on laisse cuire 1 heure et demie ; le jus sera alors entièrement réduit et les pois cuits, on verse dans une terrine vernie, on emboîte immédiatement et on ferme. Même temps à l'autoclave.

CHAPITRE XII

LES POMMES DE TERRE NOUVELLES

On choisit de belles pommes de terre de Hollande de primeurs, que l'épiderme s'en détache facilement sous le frottement du doigt; on les nettoie, on les passe à l'eau fraîche contenant 5 grammes par litre d'acide sulfureux. Le travail de l'épluchage terminé, on lave les pommes de terre à l'eau fraîche, on les égoutte dans un panier.

D'autre part, dans la chaudière on met en ébullition de l'eau saturée avec un demi-gramme d'alun par litre d'eau; on y verse les pommes de terre égouttées et on laisse bouillir 2 minutes; on retire et on rafraîchit à l'eau froide; on emboîte et on jute avec le liquide suivant :

Pour un litre d'eau froide :

50 grammes de sel fin ;

1 gramme d'alun ;

2 grammes d'acide sulfureux.

On ferme et on donne à l'autoclave :

A 108 degrés de pression, 20 minutes de cuisson pour les boîtes de 1 kilogramme.

A 108 degrés de pression, 15 minutes pour celles de 500 grammes.

Au sortir de l'autoclave on doit veiller à ne pas bousculer les boîtes, car avant qu'elles soient complètement refroidies, les pommes de terre éclateraient.

On peut les faire cuire au bain-marie, au lieu de l'autoclave, le travail est même plus régulier; il faudra dans ce cas donner une demi-heure de cuisson pour les boîtes de 1 kilogramme et 20 minutes pour celles de 500 grammes, en augmentant en proportion de la grosseur des boîtes.

CHAPITRE XIII

LES TOMATES

Depuis vingt ans la tomate a pris une place prépondérante dans l'alimentation et il existe des maisons *sérieuses* qui ne s'occupent que de cette conserve. Nous allons successivement passer en revue tous les moyens employés pour cette préparation, en indiquant principalement les plus économiques, afin d'obtenir un plus grand rendement, sans pour cela user de moyens frauduleux.

Sauce tomate. — Les tomates doivent être choisies d'une maturité parfaite et bien colorées ; on les met dans la bassine émaillée ou étamée, après avoir été débarrassées des queues ; on remue sans cesse les fruits qui, sous l'action de la chaleur, ne tardent pas à se fondre ; il faut veiller à ce qu'elles ne s'attachent pas au fond. On met avec les tomates 2 kilogrammes de sel et 1 kilogramme d'oignons coupés, et 5 feuilles de laurier par 100 kilogrammes de fruits. On fait cuire longuement à petit feu. Quand la cuisson est opérée, on passe les tomates, ce qui ne dure pas longtemps grâce à la machine Navarre, ou avec les tamis de la maison Egrot.

Les tomates une fois passées sont remises sur le feu où on les laisse réduire jusqu'à l'épaisseur voulue. Le coulis obtenu est mis en boîtes à chaud et on ferme immédiatement les récipients.

On met à l'autoclave à 108 degrés ;

35 minutes pour les boîtes de 500 grammes ; 45 minutes pour celles de 1 kilogramme.

La sauce ayant été mise à froid dans les récipients, la cuisson devra durer 10 minutes de plus pour chaque grandeur.

Si la sauce est mise en flacons, la cuisson ne devra durer que 8 à 10 minutes pour les demi-litres et 15 minutes pour les litres.

Tomates au sel. — Si on ne veut pas mettre la sauce tomate en boîtes, on fait réduire fortement le coulis précédent et tout en remuant on y ajoute 12 kilogrammes de sel fin par 100 kilogrammes. On met en barils ou en vases de grès. Cette pâte, étant très salée est d'un usage peu répandu.

Tomates séchées (à l'Espagnole.) — On coupe les tomates en deux, horizontalement, on met sur chaque partie quelques grains de gros sel ; on expose au soleil ardent sur des claies, en ayant soin de rentrer le soir, et au bout de 8 à 10 jours, elles sont bien sèches. On conserve ces tomates dans des caisses de bois blanc et dans un endroit très sec.

Tomates en pâte (séchées à l'Espagnole). — C'est un coulis, peu salé, très réduit, que l'on met sur des assiettes huilées, que l'on expose au soleil. Quand elles sont sèches d'un côté on les retourne, et quand toute la masse est bien dure on met de côté dans des boîtes de bois blanc garnies de papier.

Tomates en pâte (à la Napolitaine). — On passe les tomates à cru au tamis ; on les laisse égoutter sur des linges, puis quand ce coulis est débarrassé de toute l'eau de végétation, on les met dans des plats de terre vernis et huilés; on sale et on poivre modérément. On expose au soleil, comme il est dit précédemment; et on conserve cette pâte durcie, entre des feuilles de papier huilé, dans des vases de grès.

Sauce tomates à crû. — On agit comme ci-dessus; la sauce, ayant été passée et mélangée avec 2 grammes par litre d'acide sulfureux, est mise dans des bouteilles, sans sel ni autre condiment; on bouche avec un simple bouchon, et on met debout à la cave.

Cette conserve ne demande aucune ébullition, et très certainement, elle offre le plus de garanties qu'elle n'est pas falsifiée.

Tomates entières. — On choisit des fruits parfaitement sains et les plus lisses possibles, en conservant un petit bout de la queue. On met les tomates dans l'eau froide d'une bassine, on active le feu, et au fur et à mesure qu'elles montent à la surface, on les enlève avec l'écumoire; on les plonge alors dans l'eau froide, puis on les emboîte, on les jute avec une solution froide de 60 grammes de sel par litre d'eau; on soude ou on ferme les récipients (boites ou flacons), et on donne 15 minutes d'ébullition à l'autoclave, sans pression. Au sortir de l'autoclave ne pas brutaliser les boites ou les flacons, et laisser refroidir à l'eau froide.

Tomates en quartiers. — On coupe les tomates en quatre, on en retire les pépins, on les range dans les boîtes, en évitant les vides, on y introduit un brin de thym et de laurier, 25 grammes de sel fin, une cuillerée d'eau alunée à 20 grammes pour un litre; on ferme et on met à l'autoclave sous pression: 20 minutes pour les boîtes de 500 grammes; 30 minutes pour celles de 1 kilog.

On rafraîchit entièrement au sortir de l'autoclave.

CHAPITRE XIV

LES TRUFFES

C'est en janvier que le travail de la conservation des truffes à lieu ; dès réception, on les fait tremper dans l'eau fraîche, on les brosse pour en enlever toutes les matières étrangères ; il y a un déchet de 15 à 20 p. 100, dû à ce nettoyage ; on met aussitôt en boîtes, et à cru, avec une pincée de sel, on soude les boîtes et on met à l'autoclave :

2 heures sous pression pour les boîtes de 5 kilogr. ;

3 heures pour les boîtes de 10 kilogr.

Ces grosses boîtes sont destinées à être séparées plus tard en petites d'un litre, d'un demi-litre, d'un quart, d'un huitième, etc.

Quand ce moment arrive, on dessoude les grosses boîtes, on en retire les truffes, que l'on range dans les petites de calibres choisis ou dans des flacons ; on soude ou on ferme, et on donne à l'autoclave le temps de cuisson suivant, avec pression à 110 degrés :

20 minutes	pour les boîtes de	1 kilogr.	
15 —	—	500	grammes.
12 —	—	250	—
10 —	—	125	—
10 —	—	65	—

Si les truffes sont mises en flacons, le temps de cuisson sera augmenté d'une demi-heure, pour toutes les catégories suivantes : 1 litre, un demi-litre, un quart de litre et un huitième de litre.

CHAPITRE XV

LES CORNICHONS

On prépare les cornichons de plusieurs manières. Nous allons indiquer les plus usitées ; le fabricant pourra choisir dans le nombre celle qui lui convient le mieux.

En saumure.

Au moment de la récolte, de juin à la fin août, on réunit la masse de cornichons que l'on veut avoir ; d'autre part, on prépare des tonneaux, dont l'un des côtés est retiré et que l'on place de bout sur des chantiers ; à leur base on adapte un robinet, destiné à soutirer la saumure. Dans ces tonneaux, on verse une saumure à 12 degrés au pèse-sel, et au fur et à mesure de la récolte on y introduit pêle-mêle les cornichons, sans leur faire subir la moindre opération.

Au bout de quelques jours, quand la saumure commence à blanchir, on la soutire, on lave les cornichons à l'eau courante, on lave également le tonneau, on remet les cornichons, on remet le fond, on retire le robinet et on introduit une nouvelle saumure à 10 degrés au pèse-sel, contenant par litre 1 gramme d'alun. On ferme et on met à la cave.

Cornichons au vinaigre. — Les cornichons ci-dessus préparés servent pour mettre au vinaigre : on les fait dégorger dans l'eau fraîche pendant 24 heures ;

puis on les plonge dans une bassine d'eau bouillante contenant 15 grammes de sulfate de cuivre pour 100 litres; on ne laisse pas bouillir et on agite sans cesse avec la spatule. Les cornichons bien colorés, on les retire, on les met à tremper dans l'eau courante, on les égoutte et on les range dans les récipients choisis. On les recouvre de vinaigre, on laisse macérer huit jours, puis on retire ce vinaigre en faisant égoutter ; on garnit les récipients avec des oignons blancs, des échalotes, thym, estragon, une gousse d'ail, poivre en grain, et les cornichons réintégrés, on recouvre le tout de bon vinaigre chaud (marquant 6 degrés à l'acétimètre), que l'on fait préalablement bouillir ; 15 jours après, on reprend ce vinaigre et on le fait encore une fois rebouillir. Verser aussi à chaud. Les cornichons sont alors bons à consommer.

On peut conserver au vinaigre :

Choux rouges, *carottes*, *choux-fleurs*, *céleris-raves*, *haricots verts*, *oignons blancs*, *piments doux et forts*, *tomates*, *câpres*, *capucines*, *betteraves*, *estragon*, etc.

Les pickles. — En outre de tous ces légumes, on peut confectionner ce que les Anglais appellent des *Pickles* et qui se préparent exactement comme les cornichons, après leur avoir donné séparément le temps de cuisson qu'il leur faut.

Lorsqu'ils seront bien saturés de vinaigre, au bout des deux premières fois, après les avoir fait égoutter, on mélange tous ces légumes dans les flacons et on les remplit de vinaigre chaud. Dans les pickles, comme dans les cornichons, on peut mettre un piment de Cayenne entier par flacon et un peu d'estragon.

CHAPITRE XVI

LES FÈVES DE MARAIS, LES LAITUES ET CHICORÉES, LES SALSIFIS ET SCORSONÈRES, JULIENNES, MACÉDOINES.

Les fèves de marais. — La conserve de fèves de marais se fait de la même manière que les flageolets. La durée de cuisson à l'autoclave est absolument de même durée.

Les laitues. — On les prépare au commencement du printemps, au moment où elles sont abondantes, en enlevant les feuilles extérieures. Le lavage doit être énergique ; on taille le tronc en pointe, en évitant de briser les feuilles.

On les ébullitionne, pendant une minute, dans de l'eau sulfatée à 50 centigrammes par litre, en les immergeant d'un seul coup dans le liquide bouillant ; on les retire avec le palan, on les précipite dans l'eau fraîche, dont on les retire une à une en les pressant légèrement ; on emboîte dans les boîtes rondes et basses ; on jute avec du bouillon blanc ou du beurre fondu ; on soude ou on ferme au Phénix et on met à l'autoclave : trois quarts d'heure pour les boîtes de 500 grammes ; 1 heure pour celles de 1 kilogr. On rafraîchit longuement.

Les chicorées. — Légume d'automne ; le travail se fait au moment où elles sont abondantes ; conserve très appréciée par la marine.

On lave (sans laisser séjourner dans l'eau, dans la

quelle les chicorées développent leurs principes actifs); on coupe toutes les feuilles vertes et dures et on fait blanchir à l'eau bouillante contenant, par litre, 1 gramme d'alun et 2 grammes de carbonate de soude; on donne cinq minutes de cuisson, on retire, on fait rafraîchir; on les presse doucement et on les range dans les boîtes ou flacons; on jute avec du beurre clarifié et 25 grammes de sel par boîte de 1 kilogr.; 15 grammes par 500 grammes; on soude et on donne à l'autoclave le même temps de cuisson que pour les laitues.

Les salsifis et les scorsonères. — Le travail s'opère de la même façon que pour les cardons; on les gratte énergiquement pour en enlever l'épiderme; même cuisson à l'autoclave.

Les juliennes. — On épluche les légumes qui doivent être mélangés ainsi qu'il suit :

Carottes	10 kilogr.
Navets	6 kilogr.
Choux	5 kilogr.
Poireaux	1 kilogr.
Petits pois verts	5 kilogr.
Haricots verts	1 kilogr.

On découpe tous ces légumes avec la machine; puis on fait blanchir le tout ensemble pendant cinq minutes; on rafraîchit et on emboîte aux trois quarts; on jute avec le jus des juliennes au beurre; on ferme et on donne à l'autoclave :

20 minutes à 110 degrés pour les boîtes de 500 gr.;
25 minutes à 110 degrés pour les boîtes de 1 kilogr.;
30 minutes à 110 degrés pour les boîtes de 2 kilogr.;

Au gras. — Même procédé; on jute avec du bouillon de pot-au-feu bien clair et dégraissé. Même temps de cuisson à l'autoclave.

Au beurre. — Les boîtes sont jutées avec la composition suivante :

Pour 10 litres d'eau :

250 grammes de sel, 125 grammes de sucre et 250 grammes de beurre ; on fait fondre et on jute à chaud. Même temps d'ébullition à l'autoclave.

Les macédoines. — Les macédoines se préparent comme les juliennes ; la composition des légumes diffère :

Deux tiers de carottes ;

Un tiers de navets ;

Pois moyens, fins ou extra-fins, suivant qualité ;

Haricots verts coupés ;

Flageolets ;

Choux de Bruxelles ;

Choux-fleurs (quelques bouquets) ;

Un fond d'artichaut ;

Tous ces légumes, ayant été découpés à la machine, sont blanchis dans de l'eau bouillante, additionnée de 2 grammes d'alun et 1 gramme d'acide sulfureux, par litre ; on donne cinq minutes d'ébullition ; on retire, on rafraîchit à l'eau courante ; on emboîte, on jute, et on ferme ; même temps de cuisson à l'autoclave.

Julienne sèche. — La julienne, ayant été blanchie, est mise à égoutter ; puis on l'introduit dans le séchoir chaud ; on peut la faire également sécher au soleil ou au four ; tout dépend de l'époque où le travail a lieu et des éléments que l'on a à sa disposition.

SEPTIÈME PARTIE

MATIÈRES DIVERSES

CHAPITRE PREMIER

LES SAUCES

Les sauces à employer, pour les conserves ou pour la cuisine, sont nombreuses, mais toutes ont pour bases les *sauces brunes* et *blanches ;* pour l'une comme pour l'autre on est obligé de faire du *roux brun à l'espagnole* et du roux blanc au velouté.

Roux brnn. — Faire fondre 800 grammes de beurre dans une casserole et y introduire 1 kilogr. de farine de froment ; on mélange bien avec la spatule ; on met sur feu doux et on laisse cuire une heure en remuant de temps en temps ; la coloration se fera lentement, c'est ce qu'il faut.

Arrivé au brun rouge (pas noir), on retire le feu et ou

met en boîtes ou en bocaux, pour s'en servir au moment voulu.

Roux blanc. — Ce roux se fait de la même manière que le précédent, seulement on ne doit pas le laisser roussir, il faut qu'il reste blanc.

Emploi des roux. — Il faut 100 grammes de l'un de ces roux, pour lier un litre de liquide ; c'est sur cette base que l'on doit opérer.

Sauce espagnole. — 4 litres de jus au blond de veau ;

400 grammes de roux brun.

Cuire à petit feu et délayer sans laisser de grumeaux ; on passe à l'étamine ; on met dans des flacons ; on ferme et on donne à l'autoclave une heure d'ébullition, avec pression à 112 degrés par kilogr. — 1 heure et demie au bain-marie.

Sauce venaison. — Cette sauce est destinée aux *chevreuils* et *sangliers.*

Marinade, 4 litres ;

Roux brun, 400 grammes.

Cuire à petit feu et délayer de même que ci-dessus : on passe à l'étamine, on enflaconne et on ferme.

Même degré et temps d'ébullition à l'autoclave.

Sauce italienne. — Eau de cuisson des champignons, 4 litres ;

Une demi bouteille de madère ;

Roux brun 400 grammes ;

Cuire à petit feu et passer à l'étamine.

Ajouter :

Oignons, échalotes, une gousse d'ail ; hachez et passez au beurre sans laisser prendre couleur. On ajoute une poignée de champignons frais hachés ou coupés ; on mouille avec un demi-verre de vin blanc et on laisse cuire à petit feu ; emboîter avec une cuillerée à bouche de jambon maigre haché et autant de truffes crues hachées ; on ferme et on donne à l'autoclave 1 heure et demie de cuisson par litre à 112 degrés.

Pour les langues, le veau, etc.

Sauce piquante. — 4 litres de sauce madère ;

400 grammes de roux brun ;

On ajoute :

Un verre de vinaigre ;

100 grammes de cornichons hachés ;

20 grammes de câpres ;

On mélange et on met en boîtes ou en flacons ; on ferme.

Cuisson à l'autoclave : 1 heure. Une demi-heure à 112 degrés, par litre, pour le porc.

Sauce poivrade. — Faire réduire os, débris de gibier dans 20 litres d'eau ; arrivé à moitié, on passe cette réduction.

Pour 4 litres de ce bouillon :

400 grammes de roux brun ;

Faire revenir dans une casserole : oignons, échalotes, jambon, laurier, thym, girofle et poivre en grains ; on mouille avec une bouteille de vin blanc et un verre de vinaigre, on laisse réduire.

On ajoute au bouillon et au roux, on laisse réduire, on passe à l'étamine, on emboîte et on soude à chaud et on donne une heure et demie à l'autoclave à 112 degrés par litre. S'emploie pour le gibier : chevreuil, sanglier, etc.

Sauce Périgueux. — A la sauce madère on ajoute jus ou cuisson de gibiers ; on mélange, on cuit et on passe à l'étamine, on ajoute une poignée de truffes fraîches hachées ; on emboîte et on ferme. Même temps de cuisson à l'autoclave. Pour gibiers.

Sauce madère. — 3 litres jus de cuisson des champignons ;

Une bouteille de vin de Madère ;

400 grammes de roux brun ;

Cuire doucement en remuant, passer à l'étamine, emboîter et fermer.

Une heure de cuisson à 112 degrés à l'autoclave. Pour le bœuf.

Sauce allemande. — Trois litres de jus blond de veau ;

Un litre de coulis de tomates ;

400 grammes de roux brun ;

Persil haché, foies de volailles cuits et hachés ;

250 grammes d'anchois détrempés ;

80 grammes de câpres.

On hache le tout ; on ajoute du beurre ; on fait cuire le tout ensemble ; on réduit d'un tiers ; on emboite ou on enflaconne, on ferme et on donne une heure et demie de cuisson à l'autoclave à 112 degrés. Pour le porc.

Sauce aux anchois. — Après nettoyage des anchois les hacher menus et les mettre dans la casserole avec :

Deux litres de sauce espagnole ;

Deux litres de bouillon ou jus de veau ;

200 grammes de roux brun ;

Gros poivre et épices fines.

Faire réduire d'un quart ; enflaconner et donner le temps de cuisson à l'autoclave, comme précédemment. Pour le bœuf.

Sauce au Carry. — Deux litres sauce espagnole ;

Deux litres de jus de veau ;

400 grammes de roux brun ;

10 grammes de poivre de Cayenne.

Faire cuire cinq minutes, passer à l'étamine assez large et enflaconner. Même cuisson que ci-dessus. Pour la volaille, le riz, le gibier, etc.

Sauce veloutée. — On emploie pour les liaisons le roux blanc dont nous avons parlé plus haut.

Sauce Toulouse. — Quatre litres de bon bouillon bien clair ;

400 grammes de roux blanc ;

On fait réduire et on ajoute 4 jaunes d'œufs par litre de sauce, un peu de noix de muscade râpée, en remuant bien ; on passe à l'étamine et on emboîte ; on laisse une demi-heure à l'autoclave à 110 degrés par litre.

Sauce suprême. — Même formule que ci-dessus ; au lieu d'œufs, on ajoute un litre de crème ; on laisse réduire à bonne consistance ; on emboîte et on donne une heure et demie de cuisson à l'autoclave à 112 degrés par litre.

Sauce Béchamel. — Quatre litres de lait frais ;

400 grammes de roux blanc.

Après la première ébullition on ajoute :

Deux oignons hachés crus, une feuille de laurier, sel et poivre en grains et 400 grammes de jambon maigre haché.

On fait réduire et on passe au tamis de soie très fin. On enflaconne, on bouche et on donne à l'autoclave :

30 minutes de cuisson à 112 degrés pour les bouteilles d'un litre ; 20 minutes pour celles d'un demi-litre.

Sauce ravigote. — Quatre litres de bouillon de veau ;

400 grammes de roux blanc ;

400 grammes d'échalotes hachées blanchies dans du vinaigre ;

La cuisson opérée, on ajoute :

Quatre verres d'huile d'olives ;

Quatre cuillerées à café de moutarde en poudre très forte ;

On laisse cuire cinq minutes ;

On emboîte en ajoutant une bonne pincée d'estragon et de persil haché ; on ferme et on donne le même temps de cuisson que précédemment.

CHAPITRE II

LES GALANTINES, PATÉS ET FOIES GRAS

Toutes les galantines se fabriquent de la même manière en prenant toujours comme base le porc frais. Voici comment l'on procède :

Après avoir désossé attentivement en enlevant toutes les parties nerveuses, on hache finement :

3 kilogr. de maigre ;

1 kilogr. de gras ;

160 grammes de sel épicé ;

On pile ensemble et on se sert de cette chair pour composer toutes les galantines, de *faisans*, d'*oies*, de *perdreaux*, etc., etc. ; on assaisonne à bon goût ; on met toute la masse dans une braisière ou dans de petites terrines ; on met au four pendant un temps plus ou moins long suivant la grandeur des récipients ; soit deux heures pour 3 kilogr. et une heure pour les terrines de 250 gr. et au-dessus jusqu'à 1 kilogr.

Pâtés. — Les pâtés se font de la même manière que précédemment : on hache finement un tiers de chair, et un tiers de gras ; on assaisonne et on fait cuire comme ci-dessus.

Foies gras au naturel. On choisit des foies de premier choix, on les range dans un récipient *ad hoc*, on les couvre de saindoux frais, on ferme avec le couvercle et on met au bain-marie, jusqu'à ce que la graisse soit chaude au point de ne plus pouvoir y introduire le doigt.

On retire alors du feu, on les laisse bien refroidir, puis on les emboîte dans des boîtes garnies de bardes de lard et aromatisées suffisamment mais pas trop. On remplit avec la graisse de la cuisson que l'on clarifie ; on ferme et on donne à l'autoclave :

40 minutes de cuisson pour les boîtes de 400 gr. ;

50 minutes pour celles de 600 gr. ; une heure un quart pour celles de 1 kilogr. à 1 kilgr. 2 0.

On laisse refroidir dans l'autoclave.

Ces foies peuvent être parfumés avec les déchets des truffes ; ils servent aux besoins de l'usine ou de la maison.

Foies gras truffés. — Les foies frais sont taillés en morceaux et mis en terrines avec du sel épicé : 50 gr. de sel par kilogr ; on met au frais 12 heures.

D'autre part on prend :

Chair de saucisses, composée avec les meilleurs morceaux du porc et contenant un tiers de gras et 50 gr. de sel épicé par kilog. ; on y ajoute les foies préparés la veille, on hache le tout ensemble au hachoir mécanique, en y introduisant en même temps 50 gr. de truffes cuites au vin blanc par kilogr.

Avec cette farce on confectionne les pâtés et les terrines.

Les terrines doivent toujours être préparées deux ou trois heures d'avance.

Si on veut en faire des pâtés, voici comment on procède :

Pâtés en croûtes. — On fait la pâte avec :

2 kilogr. de farine de première qualité ;

1 kilogr. de graisse de foies gras ou de graisse d'oie crue, pilée et passée au tamis, ou fondue au bain-marie ;

150 grammes de sel fin.

6 œufs entiers.

Eau en quantité suffisante et au fur et à mesure de l'emploi.

On fait une pâte ferme que l'on travaille longtemps et qu'on laisse reposer deux heures avant de garnir les moules.

La pâte posée dans les moules est remplie avec les morceaux de foies frais, non hachés, réservés à cet effet, et le hachis préparé plus haut, qui sert simplement à les lier ensemble. On ferme le couvercle du pâté par un bon morceau de beurre, on dore la surface au jaune d'œuf ; on fait une cheminée au centre du couvercle et on met au four en couvrant les pâtés avec du papier huilé : une heure un quart de cuisson pour ceux de 1 kilogr. ; une heure pour ceux de 500 grammes.

A la sortie du four on bouche la cheminée avec un peu de pâte crue et on laisse rassir : quatre jours en hiver, un jour en été.

Si on désire les conserver plus longtemps en boîte : après deux jours, on introduit dans le pâté, par la cheminée, une certaine quantité de glace de viande chaude, en renouvelant l'opération pendant un ou deux jours ; on termine par de la graisse d'oie fondue ; ceci fait, on introduit les pâtés dans des boîtes de mêmes dimensions, on soude et on donne une heure et demie de cuisson à l'autoclave pour les pâtés de 1 kilogr. 500.

Cette conserve est très appréciée à bord des navires qui font les voyages au longs cours.

Terrines de foies gras truffés. — On opère comme pour les pâtés, il n'y a que le récipient qui change ; celui-ci est une terrine de faïence. Cette conserve est bonne pendant l'automne, l'hiver et le printemps ; en été elle se conserve mal ; on y remédie en mettant cette composition dans des boîtes de 125 gr., 250 gr., et

500 gr., on met au four sans fermer, pendant une demi-heure, on remplit les boîtes avec de la graisse d'oie, on ferme et on met à l'autoclave une heure et demie pour les deux premières grandeurs; deux heures pour la troisième.

CHAPITRE III

LES GELÉES

On prend :

Pieds de veau ou de bœuf	en quantité suffisante.
Viande de veau	
Déchets de couennes, etc.	

On met dans une bassine, on couvre d'eau ; ou bien on se sert de l'autoclave ; on écume, puis on sale et on laisse cuire jusqu'à ce que les chairs soient bien cuites ; on retire, on passe à l'étamine, puis à la manche ; on fait réduire de nouveau, après quoi on met au frais, pour s'en servir au besoin pendant 3 ou 4 jours.

Si la gelée doit être très forte, on ajoute par litre 50 grammes de gélatine blanche.

Au cas où les gelées ne sont pas employées dans les 3 ou 4 jours qui suivent leur fabrication, on les met en bouteilles, on ferme hermétiquement et on les passe à l'autoclave : 20 minutes d'ébullition suffisent pour les litres ; 15 minutes pour les demi-litres.

CHAPITRE IV

LES CONDIMENTS

Le *persil*, le *cerfeuil*, la pimprenelle, etc., peuvent être conservés à l'état sec en leur faisant subir une légère préparation.

Après avoir épluché et trié le cerfeuil, le persil, etc., on les échaude dans une vapeur d'eau, sans les faire tremper; l'autoclave, dans ce cas, peut être utilement employé. Cette vapeur détruit les principes fermentescibles. Après cette opération, on étend tous les condiments ainsi passés à la vapeur d'eau, sur des toiles claires, que l'on met dans le séchoir, chauffé à 25 ou 30 degrés. Il suffit de quelques heures, en remuant souvent la masse, pour que le tout soit bien sec.

On range dans des boites ou dans des caisses, que l'on met dans un endroit bien sec.

Pendant l'hiver, cette conserve rend de grands services, autant dans les usines que dans les ménages.

On peut faire sécher, par le même procédé, l'*oseille*, les *haricots verts*, les choux, enfin tous les légumes verts; mais ces méthodes ne sont pas appliquées pour la vente au public; il n'y a que dans les familles où cela offre de l'intérêt.

CHAPITRE V

CONSERVATION DU LAIT, BEURRE ET ŒUFS

Le lait. — Pour la conservation du lait pasteurisé, d'après le système F. Fouché et pour permettre son transport à de grandes distances, le seul procédé est la *stérilisation* qui se fait au moyen du chauffage à haute température et en le laissant refroidir immédiatement, sans que l'air extérieur puisse lui apporter aucun germe fermentescible.

Le matériel utilisé pour cette industrie se compose de :

1° Récipients de forme et de fermeture spéciales ;

2° Vases d'expansion que l'on adapte sur les dits récipients avant le chauffage et que l'on retire ensuite après refroidissement ;

3° Stérilisateurs ;

4° Rafraîchissoirs.

Avec ces appareils on opère sur de grandes quantités à la fois et le résultat est toujours certain, ce qui n'est pas à dédaigner.

Pour arriver à une pasteurisation complète du lait, on se sert d'un appareil (fig. 65) appellé *chauffe-lait pasteurisateur à fond concave*, fabriqué par la maison F. Fouché, qui rend d'inappréciables services dans les laiteries. Il se compose d'un récipient en cuivre étamé dont le fond est fortement embouté, de manière à remonter l'intérieur comme un fond de bouteille. Cette disposition, augmentant la surface de chauffe sans augmenter le volume de l'appareil, accroît considérablement le rendement.

Fig. 65. — Chauffe-lait-Pasteurisateur à fond concave.

L'agitateur *A* est placé à l'extrémité d'un axe vertical qui traverse le fond concave ; il porte à sa partie inférieure un système d'engrenages actionné par une poulie. Ce dispositif rend le démontage et le nettoyage de l'appareil très faciles et l'huile de graissage des engrenages, ne peut pas tomber dans le lait, comme cela aurait lieu si le mécanisme était au-dessus. Il n'y a non plus aucun presse-étoupe autour de l'arbre vertical de l'agitateur.

Le récipient, en cuivre étamé, à fond concave, est placé dans une chaudière en forte tôle galvanisée, qui reçoit la vapeur servant au chauffage. La complète utilisation de cette vapeur est assurée par un système spécial de distribution, et cette combinaison est, généralement, la plus économique.

Le lait arrive au fond du récipient en cuivre étamé, par un robinet régulateur *B*; il s'échauffe au degré voulu et sort par la tubulure du haut qui est pourvue d'un thermomètre.

Une enveloppe cylindrique, en tôle forte, isole l'appareil et lui sert de support.

1° On conserve également le lait en le faisant bouillir dans une bassine en cuivre à fond plat, étamée ou argentée, sous laquelle on entretient une température de 66 degrés, afin qu'il s'évapore sans bouillir, en le remuant sans cesse avec une spatule de bois de peuplier. Quand le lait est réduit d'un cinquième, on y ajoute 50 grammes de sucre blanc, pilé, par litre, on emboîte et on soude, ou bien encore on le met dans des bouteilles Weissenthanner, ce qui est plus pratique, après l'avoir passé à l'étamine. La mise en boîtes ou en bouteilles terminée, on les passe à l'autoclave où on leur donne 60 minutes d'ébullition à l'air libre, pour les flacons de 1/2 à 1 litre.

2° Le lait dit condensé, qui se fabrique en Suisse, se prépare avec un outillage spécial.

La fabrication ne s'arrête ni jour, ni nuit. Par 100 litres de lait pur, pesé au lactomètre, on ajoute 6 kilogrammes de sucre blanc cristallisé.

L'évaporation se fait sous cloche à 50 degrés, sans produire d'ébullition. Pour 100 litres de lait on obtient 18 litres de résidu qui, mis en boîte de 400 grammes, sera, pour être employé, additionné de 5 fois son volume d'eau.

Le refroidissement s'opère en remuant continuellement; l'emboîtage se fait mécaniquement. Cette préparation ne se fait pas recuire à l'autoclave; une fois les boîtes soudées, on les met en magasin et au fur et à mesure des besoins on les expédie sous toutes les latitudes.

Nous venons de parler de la conservation du lait sucré.

Par le premier procédé, 100 litres de lait donnent avec 5 kilogr. de sucre 75 litres de liquide à conserver; par le deuxième, avec 100 litres et 6 kilogr., on n'obtient que 18 à 20 litres de lait condensé.

Au moyen des pots à lait à fermeture hermétique Fouché, on obtient des résultats identiques, en n'employant pas de sucre. Pour ce faire, on remplit ces pots de lait fraîchement trait ou encore chaud, en remplissant jusqu'au bord du goulot, puis on met ces pots de 4 à 5 litres chacun dans l'autoclave, et, sans laisser bouillir, on donne deux heures de cuisson en élevant la température à 85 degrés. Au bout de ce temps, on visse les fermetures, on laisse refroidir et ce lait ainsi traité peut voyager longtemps sans courir le risque de se corrompre.

Le beurre. — Nous n'entrerons pas dans le détail de la fabrication du beurre, puisque nous ne traitons cette question qu'au point de vue de la conservation.

Sous ce rapport, le lavage, le malaxage et l'épurage tiennent une place importante pour la conservation du beurre.

Il y a une foule de manières de conserver le beurre, mais la plupart sont de faible durée et ne conviennent pas dans la grande industrie. Il n'y a que trois manières rationnelles de préparer le beurre et de le conserver presque indéfiniment.

1° A la sortie de la baratte, le beurre est lavé, malaxé et épuré ; pour ce faire on se sert du malaxeur à beurre Fouché, qui sert à le rendre pur ainsi qu'au malaxage avec le sel, que l'on va incorporer.

Il y en a de deux manières : à bras (fig. 66) et à vapeur (fig. 67).

Ces diverses opérations terminées et pour obtenir un *beurre salé dit demi-sel*, on le pétrit avec 2 kilogr. 500 gr. de sel très fin par 100 kilogr. On met en pots ou en boîtes, on recouvre la partie supérieure d'une mousseline et d'un peu de saumure.

Si on met en boites, on presse bien le beurre, on soude et on met au frais.

2° Le *beurre salé* se prépare en y incorporant de 10 à 16 kilogr. de sel fin par 100 kilogr. — Ces sortes de beurres, ainsi préparés, se conservent en barils et servent à l'exportation dans le Nord.

Pour l'expédier dans les colonies, ce beurre se met en boîtes soudées.

Il y a deux centres importants pour la fabrication du beurre d'exportation : la Bretagne et la Normandie, qui l'expédient en Angleterre, au Brésil et dans bon nombre d'autres colonies.

En Normandie, particulièrement à Isigny, dont les beurres sont célèbres, on y introduit de cinq à dix pour cent de sel fin ; en le malaxant ensuite longtemps de manière à ce que toutes les parties en soient imprégnées. Cette opération achevée, le beurre est introduit

Fig. 66. — Malaxeur à beurre horizontal.

dans des barils, où on le presse très fortement, de telle sorte qu'il ne reste pas le moindre vide ; car ces vides

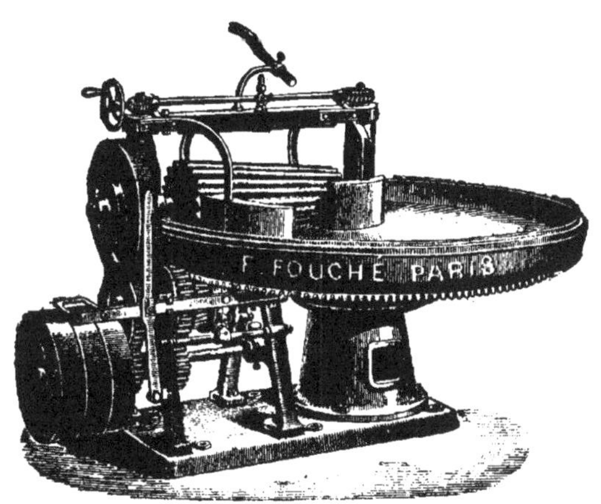

Fig. 67. — Malaxeur à beurre horizontal à vapeur.

contiennent de l'air qui est la cause du rancissement du beurre. Ces tonnelets ou barils ne contiennent que 20 kilogrammes de beurre. Habituellement les producteurs répandent au fond des barils, avant d'y mettre le beurre, une simple couche de sel fin, et quand il est plein et bien tassé une couche égale de sel sur le dessus, avant de procéder à leur fermeture. Pour cette opération, on place d'abord un faux fond que l'on recouvre de plâtre gâché avec de l'eau ; la même opération est faite par-dessus, lorsque la fermeture est complétée avec le fond définitif. Le plâtre une fois sec, on fait une marque du côté où doit s'ouvrir le fût.

3° *Le beurre fondu* est une autre forme de conservation qui permet de le garder pendant un an. Pour opérer, on introduit le beurre dans une chaudière sur un feu doux, on le laisse bouillir sans l'écumer jusqu'à ce qu'il soit bien clair : il faut 2 et 3 heures pour arriver à ce résultat. On le passe alors à l'étamine, on le verse dans des pots de grès et, lorsqu'il est figé, on le recouvre de sel fin ; on ferme les vases avec du papier fort ou avec une vessie et on met dans un lieu frais et sec.

Il est toujours préférable de faire fondre le beurre au bain-marie ; c'est le procédé employé en Auvergne, pays qui en produit de grandes quantités pour l'exportation.

Autres procédés. — Appert appliquait au beurre les mêmes procédés de conservation des substances alimentaires, autrement dit la chaleur ; il réussit ainsi à garder du beurre dans d'excellentes conditions pendant 6 à 8 mois.

Pour ce faire, on tasse le beurre dans des bocaux (*le système Phénix* est excellent), on bouche hermétiquement et on les place dans l'*eau froide* de l'autoclave, que l'on chauffe jusqu'à parfaite ébullition. On retire alors les bocaux, on les laisse refroidir, puis on les dépose dans un endroit frais.

M. Bréon obtient les mêmes résultats en recouvrant le beurre tassé dans des boîtes de fer blanc, d'une couche légère d'eau acidulée à l'acide tartrique (6 gr. d'acide tartrique et de bircabonate de soude par litre d'eau). On ferme le couvercle et on opère comme pour le procédé Appert.

Les paysans écossais ont une autre méthode : ils ajoutent au sel du sucre et du sel de nitre.

Sel pulvérisé, 500 gr.

Sel de nitre ou salpêtre, 250 gr.

Sucre blanc, 250 grammes.

Cette composition est bien mélangée ; puis on incorpore 60 grammes par kilogr. de beurre, qui acquiert ainsi une saveur douce et agréable, tout en lui assurant une conservation de 7 à 8 mois.

Les paysans belges et hollandais emploient le *sel* et le *salpêtre* par *parties égales*, et incorporent par kilog. de beurre 90 grammes de cette composition... le beurre se conserve un an ; il est très bon pour l'exportation.

Rajeunissement des beurres rancis. — Les beurres qui ont pris le goût de rance peuvent s'améliorer en les lavant et en les malaxant comme s'ils sortaient de la baratte lors de leur fabrication. Cette opération terminée, on mélange de nouveau le beurre avec 12 à 15 pour cent de crème fraîche ou de lait et on l'introduit dans une baratte, où on le bat vigoureusement pendant une demi-heure. Ceci fait, on le sort de la baratte et on le laisse durcir dans le rafraichissoir pendant trois à 4 heures. Ce que nous venons de dire s'applique à des beurres qui commencent à rancir, mais quand ils seront fortement atteints, il faudra procéder d'une autre façon : on les lave à grande eau, on les malaxe, puis on les fait fondre. Dès que le beurre est fondu, on y jette des morceaux de charbon de bois concassés, on donne une ébullition d'une demi-heure ou d'une heure, on passe à travers un linge fin et on le met à chaud dans les bocaux de grès. Le goût de rance a alors complètement disparu et le beurre est utilisable.

Le même procédé est applicable aux graisses et aux saindoux.

Les œufs. — Les œufs que l'on destine pour les conserves d'hiver doivent être pondus fraîchement et, dans le cas où l'on ne serait pas certain de leur fraîcheur, il y a deux moyens de s'en assurer.

1° Par le mirage à la lumière en employant un oroscope, outil dont le prix est minime.

2° En les précipitant (avec précaution) dans de l'eau froide : ceux qui restent *couchés sont frais ;* ceux qui restent *debout sur l'une de leurs pointes le sont moins ;* enfin *ceux qui surnagent sont presque toujours gâtés.*

Le choix fait, ainsi que nous venons de l'indiquer, on procède à leur préparation ; il y a plusieurs procédés très économiques :

1° A l'eau de chaux : on range avec précaution les œufs sur la pointe dans de petits barils, défoncés d'un bout, et quand ils sont rangés, on les remplit en recouvrant les œufs avec de l'eau de chaux, préparée avec de la chaux vive fraîchement calcinée.

Cette eau doit être décantée, car il est inutile d'y laisser de la chaux. Pour l'expédition, on retire les œufs des barils, on les lave, on les laisse sécher et on les emballe dans de la paille d'avoine.

2° On range les œufs comme ci-dessus dans des barils, puis on les recouvre d'une saumure cuite et bien refroidie à 25 pour 100. Les œufs une fois bien couverts avec ce liquide, on complète la conserve avec une couche de 1 centimètre d'huile ordinaire. Pour l'expédition, on procède comme ci-dessus.

3° On prépare une solution gommée dans les proportions suivantes :

1 litre d'eau ;

300 grammes de gomme arabique.

On y trempe les œufs, que l'on range ensuite dans des caisses dont tous les interstices sont remplis par du charbon de bois en poudre.

La couche gommée enduite de charbon bouche les pores de la coquille de l'œuf et les empêche de se corrompre.

A l'emploi, on fait tremper les œufs, on les lave, et on les expédie comme nous l'avons indiqué plus haut.

HUITIÈME PARTIE

LES FRUITS

Cette partie de notre travail doit se réduire aux conserves les plus pratiques, et que les petits fabricants peuvent facilement adjoindre à leur industrie, afin d'utiliser sans cesse leur matériel.

Avec les fruits, de toutes sortes, qui se récoltent, depuis le printemps jusqu'à l'automne, on peut fabriquer :

Les *jus de fruits*, les *sirops*, les *gelées*, les *confitures*, les *marmelades*, les *fruits séchés*, les *fruits à l'eau-de-vie*, qui ne demandent qu'un peu d'attention pour être de première qualité.

CHAPITRE PREMIER

JUS, SUCS ET PULPES DE FRUITS

Les jus de fruits proviennent, le plus souvent, lorsqu'on les manipule pour en extraire les noyaux, ou quand on les découpe, etc., etc. Il ne faut pas les perdre, car ils auront leur emploi à un moment donné ; on les ajoute à ceux que l'on prépare d'avance pour servir à la confection des gelées, sirops, etc.

Jus de cerises noires et rouges. — On prend généralement toutes les variétés de cerises bien mûres ; on dénoyaute à la machine, en mettant les queues à part, elles serviront pour la vente aux droguistes.

Le jus de cerises, qui de sa nature est insipide, est aromatisé avec des griottes ou des merises aigres.

Pour 10 kilogr. de cerises :

5 litres d'eau.

On fait cuire à feu doux dans une bassine émaillée ou argentée, jamais dans du métal, la cuisson noircirait. Quand la masse est cuite, on la fait égoutter longuement dans des tamis émaillés, placés sur des terrines ; le jus qui en découle est mis dans des bouteilles de champagne qui, bouchées et ficelées, sont laissées 3 minutes à l'ébullition au bain-marie. On laisse refroidir dans l'eau de la cuisson ; deux ou trois jours après, le bouchon étant bien sec, on le goudronne avec de la cire à cacheter, et on met à la cave.

Quant aux fruits restés sur les tamis, on s'en sert pour faire les confitures ordinaires, dites confitures de ménage.

Pour tous les jus des fruits indistinctement, il faut opérer vivement, pour éviter la fermentation.

Jus de coings. — Pour faire ce jus, on se sert des épluchures provenant des coings pelés pour faire les gelées, ou des fruits entiers, si on veut faire du jus de premier choix.

Pour 10 kilogr. de coings :

10 litres d'eau.

On met le tout dans la bassine émaillée, on laisse réduire à petit feu; puis on égoutte et le jus est mis en bouteilles comme précédemment, 3 minutes de cuisson au bain-marie.

Avec la pulpe restant, on fera, de même que pour les cerises, des confitures de ménage d'excellente qualité.

Jus de groseilles. — On prend :

10 kilogr. groseilles rouges bien mûres égrappées;

3 litres d'eau.

On fait fondre à petit feu en remuant avec la spatule ; lorsque les grains sont cuits, ce qu'on reconnaît à leur écrasement, on égoutte dans des corbeilles d'osier destinées à cet usage; le jus est mis en bouteilles et conservé comme les précédents.

Jus de framboises. — On opère comme pour les groseilles, en prenant le plus de précautions possible; on met le jus en bouteilles, et on l'ébullitionne 4 minutes. Les fruits restés dans les tamis sont mis en réserve, pour faire des confitures de ménage.

Jus de poires et de pommes. — Ces jus s'obtiennent de la même manière que ceux des coings ; on choisit pour ce faire des fruits bien parfumés, et, après cuisson, avec les fonds des tamis, on fait d'excellentes confitures. Le jus de pommes étant très employé dans la conservation des fruits, il faut en préparer une grande quantité.

Jus de cassis. — Même mode d'opérer que pour les groseilles et les framboises.

Suc de pommes et de poires. — On râpe les fruits, on les broie au mortier, ou encore avec la presse à raisins; on ajoute à la masse râpée ou pressée 1 gr. d'alun par litre; on mélange bien le tout, on met en bouteilles, on bouche et on met au frais.

Suc de raisins frais. — Au moment de la vendange, le raisin blanc ayant été pressé sur le moment, on prend la quantité de jus au moût dont on peut avoir besoin ;

par litre on y introduit 1 gr. d'alun, on bouche et on met en bonbonne.

Suc de groseilles et de framboises. — Même travail pour les deux sortes de fruits ; on les passe au pressoir, en les enfermant dans un sac de forte toile. Le marc peut servir à faire des confitures, mais nous ne recommandons pas cette économie. On met en bouteilles avec 1 gr. d'alun par litre, et à la cave, après bouchage.

Suc de coings. — On râpe les coings ou bien on les broye, et on procède comme pour les pommes.

Suc de fraises. — Même manière de procéder que pour les groseilles.

Suc de cerises aigres. — On retire noyaux et queues, on écrase la pulpe avec le pressoir à fruits, on ajoute 1 gr. d'alun, et on met en bouteilles.

Pulpes ou purées de fruits. — Cette pulpe, qui sert pour faire les entremets et les glaces, se fait en broyant les fruits, que l'on passe ensuite au tamis de crin ; on ajoute par litre 1 gr. d'alun ; on met en bouteilles ficelées et dans un endroit frais, sans les coucher.

Il est pourtant préférable, pour que la conservation soit plus parfaite, de mettre les bouteilles au bain-marie pendant 12 à 15 minutes, en laissant refroidir après ébullition. Deux jours après, on goudronne à la cire, et on met à la cave

On tire de la pulpe des fruits suivants : *oranges*, *abricots*, *framboises*, *fraises*, *prunes mirabelles* et *reines-Claude*, *pêches rouges* et *blanches*, *melons*.

Les jus ainsi préparés conservent tout leur parfum, ce qui n'a pas lieu lorsqu'ils sont cuits à l'air libre.

CHAPITRE II

LES SIROPS

Les jus destinés à la fabrication des sirops sont extraits des fruits par les mêmes moyens que nous venons d'indiquer dans le précédent chapitre, seulement, on les laisse dans les terrines qui sont mises dans un lieu frais, où on les laissera fermenter douze heures; après fermentation, on passe à la chausse, on met en bouteilles, pour s'en servir au besoin.

Sirop de cerises rouges. — Avant d'employer le jus, au sortir des bouteilles on le repasse à la chausse, on le verse ensuite dans une bassine émaillée avec poids égal de sucre :

10 litres de jus de cerises ;

8 kilogr. de sucre.

On fait bouillir, en écumant constamment jusqu'à réduction d'un bon tiers; on colore le sirop à froid avec un demi-gramme de cochenille, pour lui redonner la couleur rouge que les fruits ont perdue par la cuisson ; on met en bouteilles et on conserve pour les usages habituels.

Sirop de groseilles. — On emploie le même procédé que ci-dessus.

Sirop de framboises. — Même procédé que pour les cerises.

Sirop de mûres. — Même procédé que pour les cerises.

Sirop de pommes et de coings. — Pour la confection du sirop de pommes on choisit les reinettes qui sont préférables, parce qu'elles sont plus parfumées, et on procède avec elles comme avec les coings, de la même manière que pour les sirops précédents.

Sirop de fraises. — On opère comme pour les cerises.

La fraisette. — Cette liqueur, qui est très à la mode en ce moment, peut facilement se fabriquer avec l'alcool provenant des marcs et résidus des fraises employées pour faire les jus et les sirops.

Dans une fabrique où l'on emploie beaucoup de fraises, cerises, groseilles, etc., rien n'est plus facile que de réunir tous ces marcs et de les faire distiller, lorsque la saison est terminée. On en retire un alcool sain et agréable au goût que l'on mélange avec deux tiers de sirop de fraises ; on fait chauffer à la cucurbite à 35 pour 100, on verse ensuite dans le liquide 3 litres de lait pour 100 litres de liqueur. On laisse se faire pendant quelques heures, et on filtre à la chausse.

Si la fraisette n'est pas assez colorée, on y incorpore un demi-gramme de cochenille diluée dans l'alcool ; on agite légèrement pour opérer le mélange ; on filtre à nouveau, on met en bouteilles et à la cave à l'abri du soleil.

CHAPITRE III

LES GELÉES

Toutes variétés de gelées se font avec les fruits suivants : *pommes*, *poires*, *pêches*, *oranges*, *fraises*, *fram-*

boises, groseilles, coings, mûres, bananes, kakis, melons, abricots et prunes.

Gelée de pommes. — Pour cette fabrication, on doit toujours préférer les pommes dont le parfum peut résister à la cuisson : les reinettes du Canada et autres.

Dans tous les cas, si on ne fabrique pas le jus sur le moment, on emploie celui dont nous avons parlé au chapitre premier ; le jus frais est incontestablement meilleur que le conservé, qui n'est du reste ainsi préparé que pour en avoir toujours sous la main.

On prend :

10 kilogr. de sucre ou de cassonade blanche cristallisée ;

10 kilogr. de jus de pommes.

On aromatise avec un peu de zeste d'orange ou quelques gouttes d'acide citrique.

On fait cuire en laissant réduire à 32 pour 100, on met en pots et on laisse refroidir avant de couvrir.

Gelée de poires. — Même procédé de fabrication que précédemment.

Gelée de pêches. — Cette gelée se fait avec les fruits frais, que l'on pèle, et que l'on débarrasse de leurs noyaux. On presse complètement la masse et on en recueille le jus ; puis on procède ainsi :

10 kilogr. de sucre ou de cassonade blanche cristallisée ;

2 litres de jus de pommes ;

8 litres de jus de pêches.

On laisse cuire le tout jusqu'à réduction d'un tiers, en écumant sans cesse, on met en pots, et on agit comme pour toutes les autres préparations.

Cette gelée est très délicate.

Gelée d'oranges. — Après avoir pelé les oranges, on les écrase pour en exprimer tout le jus ; celui-ci est ensuite filtré jusqu'à ce qu'il soit bien clair et on opère :

Pour 5 litres de jus d'oranges ;

5 litres de jus de pommes ;

50 grammes de zestes d'oranges hachés ;

10 kilogr. de sucre ou de cassonade blanche cristallisée.

On fait fondre sucre et jus, sans cuire, puis on met au feu ; on laisse bouillir en écumant soigneusement ; on colore avec un peu de safran (1 gramme pour les 10 litres de gelée) on laisse réduire d'un tiers ; on met en pots si la consistance est suffisante et on ferme au bout de quarante-huit heures comme d'usage.

Gelée de fraises. — On presse les fraises fraîches, ou on se sert du jus conservé en bouteilles et on opère ainsi :

4 litres de jus de fraises ;

6 litres de jus de pommes ;

10 kilogr. de sucre ou cassonade blanche cristallisée.

On fait cuire le sucre avec le jus de pommes, on écume et on ajoute le jus de fraises ; on colore après réduction d'un tiers, et à froid avec une solution de cochenille ; dès que la gelée est assez consistante on met en pots. On termine quarante-huit heures après par la fermeture.

Pour cette gelée on emploie de préférence moitié fraises des bois, moitié fraises dites ananas.

Gelée d'ananas. — A défaut d'ananas frais, on en prend de conservés ; on les écrase fortement à la presse, de manière que le résidu soit complètement sec, et on opère comme pour la gelée de fraises. C'est une gelée très délicate, dont la vente est assurée.

Gelée de framboises. — On mélange les framboises avec le jus de groseilles blanches ou de pommes :

On peut opérer ainsi :

3 litres de jus de pommes ;
3 — de jus de groseilles blanches ;
4 — de jus de framboises ;
10 kilogrammes de sucre ou de cassonade blanche.

On laisse réduire d'un tiers à la cuisson, et on colore à la cochenille ; on termine comme d'usage.

Gelée de groseilles rouges. — On prend :

6 litres de jus de groseilles rouges ;
2 — de jus de groseilles blanches ;
2 — de jus de framboises ;
12 kilogrammes de sucre ou de cassonade blanche.

A la cuisson, on laisse réduire d'un tiers, on colore comme les fraises, après avoir écumé soigneusement, et on met en pots.

Gelée de groseilles blanches. — Elle se prépare comme ci-dessus.

Gelée de coings. — On n'emploie à la fois que :

4 litres de jus de coings.

Ou bien :

2 litres jus de coings ;
2 litres jus de pommes ;
4 kilogrammes de sucre ou de cassonade blanche :

On laisse cuire en écumant et en faisant réduire d'un tiers ; on met ensuite en pots en remplissant jusqu'aux bords, car au refroidissement il se produit toujours un retrait, et on ferme comme d'usage 2 ou 3 jours après.

Gelée de cerises noires ou rouges. — Cette gelée se fabrique ainsi :

5 litres de jus de cerises ;
5 — de jus de pommes ;
5 verres à liqueur d'eau de laurier-cerise ;
10 kilogrammes de sucre ou de cassonade blanche.

On fait cuire en laissant réduire d'un tiers et en écumant soigneusement ; dès que la cuisson est terminée, on retire du feu, et on met en pots. Si la coloration n'est pas suffisante, on ajoute un peu de teinture de cochenille.

Pour se rendre compte que la cuisson des gelées, comme celle des confitures, est à point, on laisse tomber sur une assiette une goutte de sirop ; si, étant refroidie, cette goutte reste ronde, c'est qu'elle est cuite.

On laisse les pots à découvert pendant 24 ou 48 heures et plus, on recouvre les gelées ou les confitures avec des ronds de papier trempés dans l'eau-de-vie et on ferme avec du papier fort, dit parchemin, et on ficelle immédiatement.

On peut aussi conserver les gelées et les confitures dans des boîtes ou dans des flacons en leur donnant 10 à 12 minutes d'ébullition au bain-marie ; on laisse refroidir complètement dans l'eau avant de les transporter au magasin.

CHAPITRE IV

LES CONFITURES

Pour toutes les confitures, on opère de préférence avec des fruits frais, seul moyen d'obtenir des produits de premier choix.

Avant toute chose, il est bon de parler de la cuisson qui, si elle est imparfaite, empêche la conservation des confitures. Elles doivent être cuites au petit cassé, qui signifie que lorsque le sucre commence à épaissir, il faut tremper le doigt mouillé à l'eau froide dans le sirop, puis le replonger immédiatement dans l'eau froide; s'il est arrivé au point dit petit cassé, une légère enveloppe, cassante, entourera le doigt. Le grand cassé, au contraire, est un degré plus élevé dans la réduction du sirop, c'est le moment d'y introduire les fruits.

Après l'introduction des fruits dans le sirop, la cuisson reprend et de temps en temps, au bout d'une demi-heure, on trempe la spatule dans la matière en ébullition et avec le doigt on frotte dessus, plus le doigt emporte de filets longs, mieux cela vaut et la confiture est cuite.

On retire alors du feu et on met dans les pots immédiatement.

Confitures d'abricots. — Les meilleurs abricots pour faire les confitures, sont :

L'Abricot pêche ;

— *commun ;*

— *gros précoce ;*

— Muscatello, variété italienne à fruits très parfumés.

On les choisit bien mûrs, afin qu'ils aient acquis toutes leurs qualités ; on les écrase au moyen du broyeur, puis on prend pour :

6 kilogrammes de pulpe ;

6 — de sucre ou de cassonade blanche cristallisée.

On commence à fondre le sucre, avec le jus de l'égouttement de la pulpe, au petit cassé ; puis, on y ajoute les fruits broyés, on mélange bien, et on laisse réduire au filet.

On termine la confiture en y introduisant une certaine quantité d'amandes de noyaux d'abricots mondés, on laisse cuire le tout pendant quelques minutes, on met dans les pots, et on ferme comme il est indiqué aux gelées.

C'est le premier choix.

Dans le deuxième choix, au lieu de jus d'abricots, on conseille de prendre pour faire fondre le sucre du suc de pommes, on ajoute les pulpes et on opère exactement de même.

Confitures de reines-Claude. — Les fruits sont choisis bien mûrs et peuvent être pris dans les variétés de reines-Claude qui sont très nombreuses. On opère comme pour les confitures d'abricots et, pour leur donner une belle teinte verte, on colore avec une teinture. composée de 10 grammes d'indigo et 10 grammes de safran. On fond le tout ensemble dans un flacon contenant 100 grammes d'alcool, et, par kilogramme de confitures, on introduit 5 grammes de cette couleur.

Confitures de poires. — Comme jus pour fondre le sucre, on emploie l'eau dans laquelle on a fait d'abord cuire les poires ; dans ce jus réduit d'un tiers, au petit cassé, on introduit les poires cuites et on opère comme il est indiqué pour les abricots.

Confitures de fraises. — On fait fondre le sucre dans :

2 kilogrammes (ou litres) de jus de pommes ;

4 kilogrammes de sucre.

Parvenu au point dit petit cassé, on introduit dans ce sirop 2 kilogrammes de fruits entiers et 1 gramme par litre de cochenille, on laisse cuire au filet, en tournant avec la spatule, et on termine comme les gelées.

Confitures de framboises. — Même manière de procéder que pour les fraises :

2 kilogrammes (ou litres) de jus de pommes ou de groseilles.

4 kilogrammes de sucre ;

2 — de framboises fraîches.

Confitures de cerises. — On dénoyaute les cerises

à la machine et on les met dans des terrines, avec poids égal de sucre pilé ou de cassonade blanche ; on opère le soir, pour que les fruits aient le temps de macérer dans le sucre pendant toute une nuit.

Le lendemain, on passe les cerises dans des tamis émaillés et le jus recueilli, versé dans des bassines émaillées ou argentées, est mis à bouillir à réduction habituelle, dite au petit cassé. On y introduit alors les fruits, un verre de liqueur d'eau de laurier-cerise par litre et un demi-gramme de cochenille, une demi-gousse de vanille pour 5 kilogrammes de fruits ; on mélange et on laisse réduire d'un tiers. On termine comme pour les autres confitures et les gelées.

La vanille cuite pendant une heure ou deux conserve aux fruits leur goût parfumé.

Cette formule est très pratique, car elle conserve aux fruits toute leur qualité.

Mais on peut procéder d'une autre manière :

2 litres de jus de pommes ;

4 kilogrammes de sucre.

Faire fondre au petit cassé et ajouter :

2 kilogrammes de cerises bien fraîches dénoyautées.

On termine comme d'usage.

Confitures de pêches. — On choisit des pêches très parfumées, bien mûres ; on les épluche en enlevant les peaux et les noyaux ; on les écrase à demi avec le pressoir, on introduit le sucre dans le jus et on réduit au petit cassé, soit pour :

2 kilogrammes de jus,

4 — de sucre.

La réduction obtenue, on ajoute :

2 kilogrammes de pulpe de pêches.

On laisse cuire au petit filet et on termine comme d'habitude.

C'est la première qualité.

Pour la deuxième qualité, on prend :

2 kilogrammes (ou litres) de jus de pommes ;

4 — de sucre.

2 — de pêches écrasées sans être épluchées, mais dont on a retiré les noyaux.

Confitures de mirabelles. — Même formule que pour les reines-Claude.

Confitures de quetsch. — On opère comme pour les reines-Claude.

Confitures de rhubarbe. — On récolte les tiges vertes ou rouges au printemps ; on les essuie sans les peler ; on les coupe par tronçons et on opère comme pour les cerises, en laissant macérer les rhubarbes pendant 12 heures avec du sucre broyé, par poids égal. On opère alors la cuisson comme nous l'indiquons et on colore en vert avec de l'indigo et du safran, ou en rouge pour les côtes rouges, avec de la cochenille. On termine comme d'habitude.

Confitures de bananes. — On fait un sirop au petit cassé avec :

2 litres d'eau ;

4 kilogrammes de sucre.

Dans le sirop arrivé à son point on introduit 2 kilogrammes de bananes pelées et coupées en petits morceaux ; on laisse réduire et on empote comme d'habitude pour les gelées.

Confitures de pastèques. — On prend des pastèques dites à confitures, dont la chair est d'un blanc jaunâtre ; on les coupe en tranches minces et on en retire les graines plates et l'écorce dure. On opère ensuite comme pour les confitures de cerises. On ajoute dans cette confiture, naturellement un peu fade, un peu de cédrat haché ou de vanille et on termine comme d'habitude.

Confitures d'Apt. — Ce sont des fruits de toutes sortes que l'on met dans du sirop très abondant :

Pêches, poires, pommes, cerises, framboises, raisins, figues, noix vertes, amandes vertes, etc. On fait cuire le tout dans de l'eau alunée puis dans un sirop au petit cassé, pendant une demi-heure ; on met les fruits mélangés en boites ou en flacons, on jute avec le sirop clair, on ferme et on donne à l'autoclave *3 heures* de cuisson pour les boîtes de 5 kilogrammes ; 2 heures pour celles de 3 kilogrammes ; 1 heure pour celles de 1 kilogramme et demi.

Excellente confiture de ménage.

Confitures d'ananas. — On prend :

2 kilogrammes de jus de pommes ;
4 — de sucre ;
2 — d'ananas frais ou conservé.

On fait réduire le jus de pommes et le sucre au petit cassé, et on y introduit les ananas coupés en petits dés de 1 centimètre et demi cube. On laisse cuire 5 minutes seulement.

On emboîte ou on enflaconne, on ferme et on donne à l'autoclave :

20 minutes de cuisson sous pression pour les boîtes de 500 grammes ; 15 minutes pour celles de 250 grammes et 12 minutes pour celles de 125 grammes. Le double pour les flacons de verre.

CHAPITRE V

LES COMPOTES DE FRUITS

Les fruits sont choisis incomplètement mûrs, on les pique à l'aiguille, on les dénoyaute, et on leur donne

5 minutes de cuisson dans de l'eau contenant 1 p. 100 d'alun. On procède de même pour tous les fruits.

Compote d'abricots entiers. — On prend des abricots non complètement mûrs, on les dénoyaute si l'on veut, on les pique à l'aiguille et on les fait cuire à l'eau alunée.

On les range alors dans les boîtes ou dans les flacons, on les couvre de sirop pesant à chaud 26 degrés au pèse-sirop, 30 degrés à froid, on soude, en ayant soin de laver le bord des boîtes qui doivent être soudées et on met à l'autoclave à l'air libre.

16 minutes pour les boîtes de 1 kilogr.

12 — — 500 grammes.

36 minutes pour les flacons à partir de 1 kilogramme. Après cuisson, on retire l'eau de l'autoclave, en la laissant égoutter puis on la remplit de nouveau d'eau froide et on y laisse les boîtes jusqu'à complet refroidissement.

Les boîtes comme les flacons sont mis la tête en bas, à la cave, pendant un mois, jusqu'à ce que le sirop se soit bien assimilé aux fruits.

Abricots en quartiers. — On opère comme précédemment et après le blanchiment des abricots à l'eau alunée, on les coupe en deux, on en retire les noyaux, on les range en boîtes ou en flacons, on sirote avec le sirop au même degré ; on ferme et on donne à l'autoclave même temps de cuisson.

Prunes reines-Claude entières. — Le travail est identiquement le même que pour la compote d'abricots entiers.

Prunes reines-Claude en quartiers. — Même travail que pour les abricots en quartiers.

Prunes mirabelles. — On enlève les queues et on pique les fruits, que l'on fait blanchir dans de l'eau alunée à 10 p. 100 ; on rafraîchit, on laisse égoutter et on emboîte ou on enflaconne ; on sirote avec le sirop des abricots ; on ferme et on donne à l'autoclave 5 minutes de cuisson de plus que pour les abricots (pour les boîtes) et 10 minutes de plus pour les flacons.

Les cerises. — Pour cette conserve on choisit les cerises suivantes : *Montmorency, griottes, Anglaises et bigarreaux.* On coupe la queue des cerises avec des ciseaux, en laissant un petit bout suffisant pour pouvoir la saisir avec les doigts; on les pique et on les fait blanchir 5 minutes dans l'eau alunée ; et on laisse tiédir l'eau de cuisson avant de les sortir pour les faire rafraîchir et égoutter; ceci fait, on les emboîte ou on enflaconne, et on sirote avec le même sirop coloré à la cochenille que pour les abricots, on ferme et on passe à l'autoclave :

15 minutes d'ébullition rapide pour les litres.
10 — — demi-litres.

45 minutes pour les flacons quelle que soit leur grandeur. On laisse à l'autoclave, et on retire l'eau chaude pour remplacer par de l'eau froide et on termine comme pour les abricots.

Coings en quartiers. — La meilleure variété, que l'on doit choisir de préférence, parce qu'elle est plus parfumée, est celle dite de *Portugal.* Après avoir coupé les coings en quartiers, sans les peler, et en retirant exactement tous les pépins, on les met dans de l'eau contenant 2 grammes par litre d'acide sulfureux; on laisse égoutter, on range les morceaux dans les boîtes ou dans les flacons, on jute avec un sirop à 24 p. 100, on ferme et on donne à l'autoclave à l'air libre :

25 minutes de cuisson pour les boîtes de 1 kilogramme; 20 minutes pour les récipients de 500 grammes; et 30 minutes en sus pour les flacons.

Fraises. — Après avoir été épluchées, on met les fraises dans des terrines vernies et on répand dessus un sirop froid à 25 p. 100 ; on couvre et on laisse infuser 6 à 8 heures ; puis une à une, avec une spatule de bois ou une fourchette d'argent, on met en boîtes ou en flacons ; on colore le sirop avec de la cochenille, on jute et on ferme.

On met à l'autoclave fermée et on donne 10 minutes d'ébullition ; on arrête le feu ; on vide l'eau et on laisse refroidir avant d'enlever les boulons. Pendant un mois, on tient les boîtes ou flacons l'ouverture en bas, et on met en réserve.

Groseilles rouges et blanches. — On égrappe les groseilles avec une fourchette d'argent ; on met à crû, dans les flacons ou dans les boîtes ; on tasse, on remplit avec du sirop coloré à 25 p. 100, et on laisse macérer pendant 24 heures ; on ajoute du nouveau sirop s'il y a lieu, on ferme et on donne 10 minutes d'ébullition à l'autoclave fermée, à 90 degrés. On laisse refroidir comme les fraises.

Framboises. — On laisse macérer les framboises, pendant 12 heures, dans des terrines vernies remplies de sirop à 25 p. 100. On emboîte, on jute et on ferme, et on donne 10 minutes d'ébullition. On termine comme pour les fraises.

Pêches. — Au fur et à mesure de l'épluchage des pêches, travail qui se fait à la machine, on les précipite dans de l'eau acidulée à 2 grammes par litre d'acide sulfureux. *Avoir soin de ne choisir que des fruits non parfaitement mûrs.* On les emboîte au bout de 10 heures de macération, on les couvre de sirop chaud à 24 p. 100, on ferme et on donne 15 minutes d'ébullition à l'autoclave pour les récipients de 1 kilogramme ; 10 minutes pour ceux de 500 grammes et 25 minutes en sus pour les flacons de toutes grandeurs.

Terminer comme pour les fraises.

Compote d'ananas. — Elle se fait comme celle d'abricots, en utilisant la pulpe restant du pressurage des ananas que l'on a employés pour la gelée ; on couvre à froid avec du sirop à 20 p. 100 ; on ferme les flacons ou les boîtes et on donne 15 minutes d'ébullition à l'autoclave, sans pression.

Poires. — On pèle les poires bien mûres et on les laisse macérer dans du sirop contenant 1 gramme d'acide sulfureux pendant 3 heures, puis on les blanchit dans ce même sirop pendant 5 minutes à feu doux ; on les laisse égoutter, puis on les range dans les récipients, on les couvre de sirop froid à 26 p. 100, en introduisant dans chacun d'eux un fragment de vanille; on ferme et on donne à l'autoclave le même temps de cuisson que pour les ananas.

Marrons. — On épluche les marrons, ce qui se fait de la manière suivante : moyen bien plus simple et plus facile que le travail ordinairement fait.

On enlève la première peau à la main, lorsqu'ils sont crus, et tous les marrons, nettoyés ainsi, sont déposés dans la grille de la marmite à bouillir et l'on précipite le tout doucement dans le liquide bouillant ; on laisse cuire pendant une bonne heure, on vide l'eau par le robinet, et on épluche (en tenant la masse entière au chaud) vivement les marrons sans les briser (autant que possible). La seconde peau des marrons s'enlève ainsi très facilement, et une personne habile peut en nettoyer de grandes quantités dans une journée.

Au fur et à mesure de l'épluchage des marrons, on les dépose dans des terrines vernies que l'on remplit, lorsqu'elles sont garnies, avec du sirop à 25 p. 100, et on laisse macérer 4 heures.

On range alors les marrons dans les récipients, on les recouvre de sirop vanillé à (30 p. 100 cette fois), on ferme et on range boîtes ou flacons dans l'autoclave. On donne comme ébullition :

10 minutes pour les boîtes de 1 kilogr.

7 — — 0 — 500 grammes.

35 — pour les flacons.

Pommes. — On choisit des pommes à chair ferme ; on les pèle et on en retire le cœur. On emboîte à cru ; on jute avec du sirop à 25 p. 100, parfumé avec du zeste d'oranges, mandarines, cédrats ou citrons ; on ferme et on donne 20 minutes d'ébullition à l'autoclave pour les récipients de fer d'un kilog. ; 40 minutes pour les flacons.

On laisse refroidir dans l'eau de l'autoclave.

Bananes. — La peau des bananes enlevée, ce qui se fait facilement avec un couteau de bois, on les emboîte immédiatement (ou on enflaconne) avec un fragment de zeste de mandarine ; on couvre avec du sirop à 30 pour 100 et on passe à l'autoclave :

15 minutes d'ébullition pour les boîtes de 1 kilogr.

10 minutes d'ébullition pour les boîtes de 500 gr.

45 minutes d'ébullition pour les flacons.

Melons. — On épluche les melons en enlevant très finement la peau extérieure et on les laisse mariner pendant 12 heures, avec du sucre broyé ou de la cassonade blanche, dans des terrines vernies.

Au bout de ce temps, on emboîte et on couvre les morceaux de melons avec un sirop fabriqué avec le sucre de la macération et qui doit peser 30 pour 100 ; on ferme et on place flacons ou boîtes dans l'autoclave, où on leur donne :

75 minutes d'ébullition, pour les boîtes de 1 kilogr.

10 minutes d'ébullition, pour les boîtes de 500 gr.

1 h. 1/2 pour les flacons de 1 kilo.

Pastèques. — Même travail que pour le melon ; veiller à retirer complètement les graines de la pulpe.

Figues fraîches. — On laisse macérer les figues, fraîches et bien mûres, dans un sirop froid à 25 pour 100, pendant 12 heures ; on les retire pour les changer de terrines, et on les couvre d'un sirop pareil mais bouillant, où on les laisse encore séjourner 6 heures ; on emboîte ou on enflaconne et on couvre de sirop bouillant à 28 pour 100, on ferme et on donne à l'autoclave le même temps d'ébullition que pour les melons.

Kakis. — On enlève peaux et graines (s'il y a lieu, bon nombre de variétés de fruits, de kakis n'en contenant pas), on range au fur et à mesure dans les boîtes, on conserve avec un sirop froid à 20 pour 100, on ferme et on donne le même temps de cuisson que pour les pêches.

CHAPITRE VI

LES FRUITS SÉCHÉS

Dans les fabriques de conserves, où l'on possède un séchoir méthodique Fouché, il ne faut rien négliger pour en tirer le plus de revenu possible ; aussi l'emploie-t-on pour faire sécher tous les fruits susceptibles d'être vendus sous cette forme.

Les fruits que l'on peut faire sécher sont les suivants :

Poires, pommes, abricots, pêches, prunes et cerises.

Les poires. — Les meilleures poires sont :

La cuisse-madame, le *beurré gris* et le *beurré blanc*, la *Chalon-sans-grappe*, la *crassane*, le *doyenné d'hiver* et *gris*, la *Messire-Jean*, l'*Anglaise*, etc.

Poires tapées. — On pèle les fruits au moyen de la machine à peler, puis on les range sur des clayons placés à l'air, et sans trop les serrer.

On les place ensuite sur des planches à rebords que l'on place immédiatement dans le séchoir, à 40 degrés de chaleur, où on les laisse 24 heures.

On les retire et on les laisse 24 heures à l'air; après quoi, on les trempe dans un sirop à 25 pour 100, fait avec de la cassonade, et on les remet au séchoir porté à 45 degrés.

Après ce laps de temps on les retire, on les laisse refroidir et on les aplatit; ce travail terminé on trempe de nouveau les fruits dans un sirop plus léger (20 pour 100 de sucre) et on remet à l'étuve à 15 degrés de chaleur, et en faisant monter peu à peu le thermomètre à 40 degrés. Alors l'opération est terminée.

Les pommes. — Les pommes dont on fait choix pour sécher sont les suivantes :

Les *reinettes* (toutes les variétés), la *calville*, la *court-pendue*, la *cuisinière*, la *française*, etc.

Pommes séchées entières. — On les pèle à la machine, on les échaude dans une eau contenant 1 gramme par litre d'acide sulfureux et bien chaude, puis on les range sur les clayons et on agit pour terminer comme pour les poires, mais sans les tremper dans le sirop.

Pommes tapées. — Même manière de procéder que ci-dessus; on coupe les pommes en deux, on en retire les pépins et on fait sécher sans tremper dans du sirop.

Les abricots. — On ne pèle pas les abricots, on les passe à l'étuve pendant 24 heures; on en retire alors les noyaux, on aplatit les fruits, on les fait sécher à l'air pendant 24 heures, et on les remet au séchoir pendant autant de temps.

Pêches. — Si l'on ne peut se procurer des fruits de

première qualité, le mieux est de ne pas s'en occuper.

On procède comme pour les abricots.

Cerises. — Même procédé de séchage que pour les abricots ; on les conserve comme tous les autres fruits, à l'abri de l'humidité, dans des caissettes exprès.

Prunes. — Les meilleures variétés de prunes pour le séchage sont :

Les pruneaux d'Agen, quetsche d'Allemagne et de Sainte-Catherine, qui conservent leur fleur ou blanc qui les fait rechercher.

Il faut qu'ils soient parfaitement mûrs.

Voici comment on procède au séchage :

On range les prunes sur des clayons, près à près, jamais entassées, et on les expose au soleil jusqu'à ce qu'ils soient complètement ramollis ; on les met alors dans le séchoir dont la température est portée à 40 degrés et qu'on laisse ensuite tomber à 15, pendant la durée de 24 heures.

Au bout de 24 heures, les clayons du bas sont mis en haut et réciproquement ceux du haut en bas et on fait remonter le thermomètre à 44 degrés, cette fois.

Ce laps de temps écoulé, on retire les clayons du séchoir, et on fait refroidir les fruits à l'air, puis on les y rentre de nouveau et on fait monter le thermomètre à 50 degrés.

Après 24 heures de séchoir les prunes sont parvenues à moitié du degré de séchage. Après refroidissement à l'air, on les aplatit, on les range de nouveau sur les clayons, on les remet dans l'étuve en chauffant à 35 degrés ; on les y laisse de 24 à 30 heures ; les prunes ont alors acquis la fleur recherchée et, en maintenant la même température de 35 degrés, on achève le séchage, en ne les laissant pas sécher plus qu'il ne faut, car il est indispensable qu'ils ne soient ni trop mous ni trop secs.

Arrivées à ce point on fait le triage des pruneaux, en les classant par catégories.

On range dans des caissettes, en parant les dessus avec les plus beaux fruits, et on tient au sec.

CHAPITRE VII

LES FRUITS A L'EAU-DE-VIE

Industriellement, tous les fruits suivants peuvent se mettre à l'eau-de-vie :

Abricots, *prunes*, *pêches*, *poires*, *raisins*, *cerises*, *melons*, *bananes*, *chinois*, etc.

Tous ces fruits doivent être complètement mûrs et être cueillis le matin, par un temps sec, avant que le soleil ne les ait touchés.

Il y a deux manières d'opérer :

1° Par le procédé Guérin, de Paris;

2° Par le procédé industriel ordinaire, qui fait gagner du temps, mais qui demande plus de manipulations.

Procédé Guérin. — Avec ce procédé, pas n'est besoin de confire les fruits : il suffit, l'eau-de-vie étant préparée pour cet usage, de les ranger dans les barils, bocaux ou flacons; on les couvre du liquide alcoolique, on bouche et après 4 à 5 mois d'infusion les conserves sont bonnes à utiliser.

Procédé industriel. — On blanchit le plus grand nombre de fruits, on les rafraîchit, on les égoutte et on les couvre de moitié sirop moitié eau-de-vie. Ce procédé est plus rapide, car on peut consommer les fruits après un mois ou deux de macération ; c'est au fabricant à voir ce qui est le plus avantageux.

Les abricots. — On choisit des fruits mûrs et bien sains ; on les pique avec une *aiguille de cuivre,* sans enlever le noyau ; on laisse amortir de l'eau contenant 1 gramme par litre d'alun, en laissant cuire doucement pendant dix minutes ; on rafraîchit à l'eau froide (dix minutes), on égoutte et on range les abricots dans les bocaux, que l'on achève de remplir avec de l'alcool à 85 degrés, et on laisse macérer pendant 15 jours, en recouvrant avec un simple papier ficelé piqué de quelques trous.

Au bout de 15 jours on retire les fruits de l'alcool, on les fait égoutter ; quant au restant d'alcool, il n'est pas perdu, on peut le redistiller plus tard, on le met donc en réserve pour ce moment.

Pendant l'égouttement des abricots, on confectionne un sirop (à 28 degrés chaud, à 32 froid) fait avec du sucre blanc ou de la cassonade blanche cristallisée.

On range les abricots égouttés dans les vases, bocaux, flacons, etc., et on les couvre complètement du liquide suivant, au préalable bien mélangé :

2 litres d'alcool à 85 degrés ;

1 litre de sirop.

On ferme les récipients, soit avec des bouchons, soit avec des vessies ramollies à l'eau et ficelées pendant qu'elles sont encore humides.

Les prunes. — Les fruits cueillis, bien mûrs, sont mis dans une solution d'eau colorée avec du safran et de l'indigo, on les laisse bouillir cinq minutes, on retire du feu, on égoutte, sans rafraîchir, sur un tamis de crin et on les met ensuite dans des terrines contenant du sirop à 25 pour 100 de sucre ; après trois ou quatre heures d'infusion, on les sort ou on les laisse reposer douze heures; dès que les prunes sont raffermies, on les range dans les récipients, on les couvre de nouveau sirop à 32 degrés :

1 litre de sirop ;

2 litres d'alcool à 85 degrés.

On achève comme pour les abricots.

Les pêches. — Après avoir piqué les pêches, on les range dans des terrines et on les couvre de sirop bouillant à 25 pour 100 de sucre (1 kilogr. de sucre pour 2 litres d'eau); on laisse infuser 24 heures; on laisse égoutter quelques instants et on range les fruits dans les bocaux. On remplit les récipients dans les mêmes proportions indiquées précédemment et avec du sirop à 32 pour 100; on achève comme pour les abricots.

Deux mois plus tard les pêches sont bonnes à consommer.

Les poires. — On choisit de belles poires *beurrées* ou *duchesses* ou encore des *rousselettes*, on les épluche, on les coupe en quartiers ou on les laisse entières et on les précipite dans l'eau alunée; puis on les fait blanchir pendant dix minutes dans cette même eau; on les met à chaud dans les terrines, on les couvre de sirop à 25 pour 100, en les y laissant infuser pendant vingt-quatre heures. On recommence deux fois la même opération; vingt-quatre heures après, on range les fruits dans les bocaux, on les recouvre avec le sirop ramené à 32 pour 100 auquel on ajoute deux tiers d'alcool. On laisse infuser deux mois et on peut les consommer.

Les raisins. — On choisit de gros raisins *muscat* ou *frankenthaler*, on sépare les grains de la grappe avec des ciseaux et on pique chacun d'eux avec une aiguille; on range dans les bocaux, on recouvre d'eau-de-vie et on laisse macérer pendant trois semaines; après ce temps, on retire cet alcool et on le remplace par la solution d'un tiers de sirop et deux tiers d'alcool à 85 degrés.

Deux mois plus tard ils sont bons à consommer.

Les cerises. — La préférence, pour cette conserve, est accordée aux *cerises de Montmorency*, dont on écourte simplement les queues, puis on les pique à l'aiguille et on les met dans des bocaux, en y ajoutant par kilogramme, 100 grammes de sucre blanc, puis on recouvre les fruits avec de l'alcool à 85 degrés. On termine comme pour les abricots ; un mois après on peut s'en servir.

Melons en quartiers. — Même procédé de préparations que pour les poires ; deux mois plus tard on peut les consommer.

Les bananes. — On les épluche, on les met dans une solution alunée à 1 gr. pour 100, on les passe deux fois au sirop bouillant, puis on les range dans les bocaux en les recouvrant comme les abricots ; on termine de même. On peut consommer les bananes deux mois après.

Les chinois. — On laisse macérer les chinois dans un sirop à 25 pour 100 et versé dessus aussi bouillant que possible ; après égouttement fait, après vingt-quatre heures, on recommence l'opération, en laissant macérer les chinois quarante-huit heures ; on égoutte et on recommence encore une fois, en laissant quarante-huit heures dans le sirop. Ce sirop doit être renouvelé ou remonté chaque fois, en lui maintenant le même degré.

On les range alors dans les bocaux, on les couvre de sirop et d'alcool comme pour les abricots, et deux mois plus tard on peut les consommer.

Les figues fraîches. — Les figues fraîche se préparent comme les raisins. Il leur faut deux mois d'infusion pour être au point voulu.

FIN

TABLE DES MATIÈRES

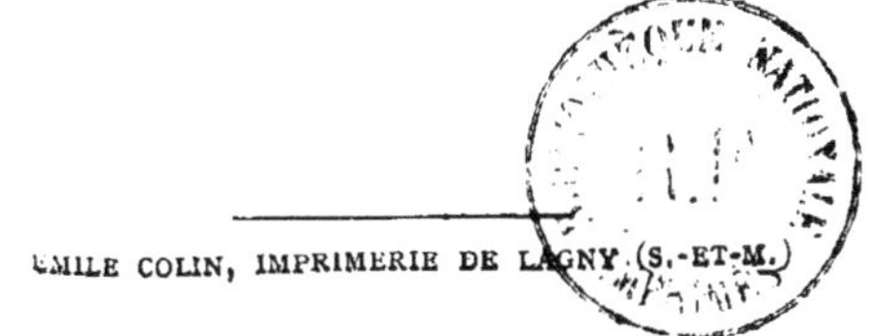
ÉMILE COLIN, IMPRIMERIE DE LAGNY (S.-ET-M.)

Ce livre appartient à M

demeurant à

rue *n°*

www.ingramcontent.com/pod-product-compliance
Ingram Content Group UK Ltd.
Pitfield, Milton Keynes, MK11 3LW, UK
UKHW021133260726
13994UKWH00001B/122